The Japan Intellectual Capital Management Journal
日本知的資産経営学会誌
〈第5号〉
October 2019

目　次

巻頭言
わが国における知的資産経営研究のあゆみ
　―日本知的資産経営学会誌（平成23年～平成30年）を振り返って―
　　（古賀智敏）…………………………………………………………………3

特別寄稿論文
イノベーションと知的資産経営―Sansan株式会社の場合―
　　（安井　肇）…………………………………………………………………5

学会報告論文
太陽熱を利用した淡水化技術と新規節水農法
　―迫り来る食糧価格高騰時代に備えて―
　　（實野孝久，浜部　薫，實野雅太）………………………………………10

原価企画の進展と知的資産経営
　　（田坂　公）…………………………………………………………………22

メーカーの持続可能な知的資産経営
　　（田口貢士）…………………………………………………………………41

査読論文
価値創造プロセスにおけるインタンジブルズの役割
　　（梅田　充）…………………………………………………………………49

統合報告における価値創造プロセスに関する一考察―DKSの事例を用いて―
　　（李　会爽）…………………………………………………………………69

投稿規定……………………………………………………………………………89
執筆要領……………………………………………………………………………90
編集後記（池田公司）……………………………………………………………93

巻頭言

わが国における知的資産経営研究のあゆみ
――日本知的資産経営学会誌（平成23年～平成30年）を振り返って――

日本知的資産経営学会会長　古賀　智敏
（東海学園大学教授・神戸大学名誉教授）

今年，平成から令和への時代の移行を受けて，本学会のこれまで平成8年間のあゆみを振り返り，わが国における知的資産経営研究の実績と今後の課題を考えてみたい。

日本知的資産経営学会が設立されたのは8年前，平成23年（2011）12月のことであった。行政から経済産業省や特許庁，学会，実務界から知的資産経営・知財のわが国代表ともいえる錚々たる方々に参集していただき，吉栖康浩事務局長のもとで一般財団法人知的資産活用センター内に事務局を設置し，当初30名程度の会員で発足した。以来，会員数は現在140名規模まで拡大することができた。これもひとえに会員の皆様のお陰であり，改めてお礼申し上げたい。

1．本学会の多様性・学際性・包括性

本学会設立にあたって，本学会の特徴として，「学際的，多様性ある研究・教育活動を目指そうとするもの」（古賀，学会誌創刊準備号2012, 4頁）を謳い，具体的には，「測定・開示・ファイナンス研究部会」，「イノベーション研究部会」，「知的財産権研究部会」，「管理会計部会」および「ビジネスレポーティング研究部会」の5つを立ち上げ，その後の研究課題として取り上げられてきた。

このように，知的資産経営の多様な側面を捉えるべく，経営，ファイナンス，会計，知財，レポーテイングの多様な応用研究を行うというのが，類似の学会には見られない本学会の第1の特徴である。

2．本学会の国際性

本学会の第2の特徴は，研究の国際性である。本学会では，2012年の創刊準備号においてすでに3名の著名な知的資産経営学者，Anne Wu（National Chengchi University），Federica Ricceri（University of Padova），Erik Bjurstrom（Malardalen University）の各氏から特別寄稿論文を受け，本学会の門出に花を添えていただいた。

研究のグローバル化を目指す本学会にとってメモリアルな実績として，2016年10月に神戸で本学会と香港理工大学とで共同開催された国際会議，The 8th International Conference on Innovation and Knowledge and Knowledge Management in Asia Pacific（IKMAP 2016: Chairs Koga and Lee）がある。本会議には，11か国から約100名の参加者を迎え，2日間（10月26・27日）にわたって約30本の研究発表が行われた。その成果は，後日，研究報告集（Proceedings）として取りまとめられ，本学会から刊行された。

もう一つ，本学会の国際的取り組みとして注

目されるのは，2018年香港理工大学において立ち上げられたグローバル・イノベーション優秀賞（Global Most Innovative Knowledge Enterprises Award: Global MIKE AWARD）の日本側の協力・支援団体に選ばれ，日本企業からグローバル・イノベーション企業の選考委員として選考に関与するようになった。この詳細については，後述の編集後記（池田公司編集委員長）を参照されたい。

また，立教大学で開催される第5回全国大会において，スウェーデン・カロリンスカ医科大学からUlf Johanson教授ほか3名の研究者が日本側研究グループ（代表者：姚　俊明治大学准教授）と「労働環境と人的資源に関する共同研究」のため来日され，本大会でも記念講演をいただくことになっている。これも広く本学会の国際研究の一環をなすものである。

3．本学会の実践指向性

第3の本学会の特徴は，研究の実践指向性ないし実践的適用可能性の重視である。本来，知的資産経営の中核課題の1つは，見えざる資産としての知的資産を把握・測定し，伝達する共通のコミュニケーション言語を探求することである。わが国では，このようなコミュニケーション・ツールとして知的資産報告書が国家の成長戦略とリンクしつつ，政府・パブリック主導型で制度設計されてきた。この知的資産経営報告書をいかに活用して中小規模企業の資金調達や事業承継，地域金融機関の活性化を図り，もって地域経済の促進に資するかが国家の政策課題であり，知的資産経営なり知的資産レポーティング研究は，おのずから政策的実践指向にならざるを得ない。このように，本学会が中小規模企業の発展に焦点を置いてきた点は，本学会の1つの使命であり，特徴と言えるであろう。

4．本学会の課題と展望

以上，これまで7年間にわたる本学会の実績と成果の一端について学会誌を手掛かりに，みてみた。これから，本学会は，研究の多様性，国際性，および実践指向性の点で，一定の成果を上げてきたことは確かであろう。今後，これらの成果を一層発展させるとともに，さらなる研究の深化・拡充化が期待される研究課題として，次のような課題を例示しておきたい。

(1) 知的資産経営・管理問題に関して，大企業などこれまであまり研究の蓄積が乏しい課題，例えば大企業の競争優位性やイノベーションをもたらす知的資産とは何か。

(2) ファイナンス問題に関して，近年の中小規模企業に対するローカルベンチマークの有効性や事業性評価手法の開発，ソフト開発など，いかに行うか。

(3) 知財関係では，本学会ではあまり多くの研究知見が得られていないようなので，研究の質的・量的拡充化が望まれる。

(4) 管理会計領域に関しても，知的資産経営との関連ではバランスド・スコアーカードやレピュテーション，統合報告の内部管理利用など限定的であるので，さらなる研究の発展を期待したい。

(5) レポーティング問題に関して，戦略・ガバナンスの伝達ツールとしての統合報告の有効性の解明，内部管理組織のイノベーション効果など研究の深化が期待される。

これらは，課題の一端を例示するにすぎない。要は，グローバル・ネットワークや発信を高めつつ，わが国のナレッジ・イノベーションに資する研究を目指すことが肝要であろう。

今後とも学会会員の皆様のご教示・ご支援を宜しくお願い申し上げます。

特別寄稿論文

イノベーションと知的資産経営
——Sansan 株式会社の場合——

安井　肇
(Sansan 株式会社　シニアアドバイザー)

1. Sansan 株式会社のプロフィール

　Sansan株式会社（以下，「Sansan」という）は，2007年6月11日に創業した。寺田親弘社長は，三井物産出身であり，本社は，東京表参道にある。現在国内に営業拠点と開発拠点合わせて9拠点，海外に2拠点を有する。資本金はおよそ28億円で，2019年5月東証マザーズに上場した。「それさあ，早く言ってよ〜」CMシリーズで一躍有名になった名刺管理の会社である。

　社名のSansanは，人を呼ぶ時の「○○さん」の「さん」を2つ並べたものであり，「人と人，つまり出会いを表わす」と説明している。ロゴマークのSansanの下部にある赤線には，「世界を変える出会いを生み出したい」という思いが込められている。事業内容は，名刺のクラウド管理サービスの企画，開発，販売である。法人向けのSansanと個人向けのEightという2つのプロダクトを展開している。

2. Sansanのビジネスモデルの歴史上の位置づけ

　名刺の起源は，相当古くに遡る。Sansanの調査によると，中国では，3世紀に死んだ武将の墓から，名刺らしきものが出土しているそうである。それは，紙製ではなく，竹製であったと言われる。これが日本に伝わったのは，江戸時代（19世紀初）と言われており，紙に筆で書かれたものであった。

　こうした名刺の歴史を人類史に位置づけてみると，例えば，「第3の波」（1980年出版）で知られるアルビントフラーがいうところの最初の革命である農業革命が生じた頃に既に名刺は存在していたことになる（図1）。日本にそれが伝わってきたのは，英国では産業革命の生じていた時期と重なる。

　Sansanは，紙である名刺に記載された情報をデジタル化するビジネスモデルであるが，見方を変えれば，「アナログとデジタルが共存する」時代の産物であり，アルビントフラーが言うところの情報革命が始まって約40年を経過した時点で創設されたものである。それは，産業革命の段階で言えば，「第4次産業革命」の象徴と言われるインターネット，AI，スマホの普及時期に合わせた時期であったといえる（図2）。達観していえば，Sansanは，デジタル化を加速する役割を担うビジネスモデルでありながら，同時にデジタル・オンリーの時代には，紙の名刺はなくなっているであろうから，人と人の出会いの証拠をデジタルでのみ認識する時代におけるビジネスモデルの開発が持続的な成長にとって必要である点が，ある意味で，事業創設段階において見通されているとも言える訳である。

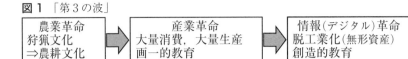

図1 「第3の波」

出所：アルビントフラー（1928〜2016）：米国未来科学者，"第3の波"（1980）

図2 第4次産業革命

3．Sansanのビジネスモデル

Sansanでは，名刺管理に関して誰もが感じている次のような不便，不都合を解消するところからビジネスモデルを構築した。
① 整理に手間がかかる
② どこへ行ってしまうかわからなくなる等，紛失リスクがある
③ どのフォルダ等に入れたかがわからない等で，検索に時間がかかってしまう
④ 名刺フォルダ等の個数が増えると，格納スペースを要してしまう
⑤ 社内の他の人と自分の人脈を共有できない

Sansanは，デジタル化によって，上記のような紙ベースでの名刺の不都合な現実を解消し，名刺管理の効率化を高めるとともに，名刺情報を社内の無形資産として活用する道を開いた。換言すれば，アナログの不都合を解消し，デジタルとしてのメリットを引き出すことに成功したのが，Sansanのビジネスモデルであると言えよう。

4．Sansanが使っている技術

Sansanが使っているテクノロジーのひとつは，アナログ文字を読み取り，デジタルに置換する技術である。これは，光学文字認識技術（OCR：Optical Character Reader）と呼ばれている。

OCR技術が郵便番号の読み取りに用いられているのは以前から知られている。郵便番号は，そもそも人間による郵便物の仕分け作業を簡易にできるようにすることを企図していた。それをOCRで読み取れるようになったおかげで，人手を介さずに郵便物の仕分けを可能とした。これは，人件費の高騰や人手不足に対応した技術導入だった訳であるが，見方によれば，仕分け専門技術をもった人材の職人芸とされていた事柄をOCR技術の機械で処理できることを通じて，人間は，他の人間にしかできない仕事に取り組むことが可能となった。

コンピューターには，「素人でも玄人はだしの技」を可能とする機能がある。例えば，われわれがパソコンとプリンターを用いることによって，活版印刷のプロにしか作成できなかった美しい年賀状の作成が可能となった。上記の通り，OCR技術は，郵便番号仕分けの専門家の仕事を素人がそして機械が行うベースを作ったという意味で，OCR技術は，いわゆるコンピューター自体の性能とは異なる技術であるものの，コンピューターに連なる技術として，同様の効果をもたらしたと評価することもできる。Sansanは，OCR技術をはじめとしたテクノロジーを駆使して，煩わしい名刺の整理事務から人間を解放したとも言える訳である。

5. Sansanが事業を成功させた背景

Sansanが使っているOCR技術自体は、独自なものではない。Sansanは、OCRを用いて名刺管理の不便さ、不都合を解消し、デジタルならではの良さを引き出すアイデアを生み出したところにまずスタートがある。

ただ、Sansanの事業が成功したのは、OCR技術だけに頼るのではなく、お客様の信頼を裏切らないことに注力した点にあると考えられる。すなわち、OCR技術自体は常に進化しているが、Sansanが創業した2007年には読み取りの精度が今ほどは高くなかった。しかも、名刺の文字の配列や大きさは会社によって多様であり、読み取りミスも生じていたはずである。それに対して、Sansanの経営陣は、間違えのない結果をお客様に届けなければ、お客様からの信頼を得ることはできないと考えたのである。そこで、Sansanは、人力を併用して、OCRでは読み取れなかったり、誤ったデータ化をした部分を補正することとした。このことにより、現在では名刺情報を99.9%の精度でデジタル化して、お客様に提供することに成功している。この点を図示したのが図3である。

OCR技術は、年々進歩し、読み取り精度は向上する。ただ、顧客が満足する精度に毎年近づくものの、完全には達しない。しかし、名刺という特性上、1文字でも間違っているとその情報は使い物にならない。Sansan創業時の2007年のOCRの精度はBであり、顧客が満足する精度はAであったとする。Sansan経営陣は、ビジネスとして行う以上、ABのギャップはSansanサイドで埋めるべきであると考えた。すなわち、Sansanは、ABギャップを人力で埋めたのである。これによって、お客様は、Sansanの製品であれば、信頼性が高く、自らの名刺管理に使えると判断した。これが成

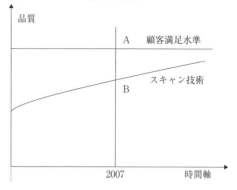

図3　スキャン技術の推移

功の大きな背景となっている。

今後は名刺読み取りにおけるAI活用の研究をさらに進め、人力の割合を少なくしていくことを目標としている。

6. 進化するSansanの機能

Sansanの契約数は、まだ6千件ほどに留まっている。国内外における企業の数を考えると、なお潜在顧客が多数存在するといえる。したがって、Sansanとしては、引続き内外でのSansan顧客の拡大に向けてやるべきことがまだたくさんあると考えられる。

同時に、顧客企業にとっての利便性を向上させるため、AI名刺管理のほかに①同僚コラボレーション、②顧客データHub、といった次なるサービスをSansanのプロダクトとしてすでに開始している。すなわち、①同僚コラボレーションは、特定の人脈を持つ社内人材を各社員のSansanへの登録情報をもとに探し出したり、そういう人脈を持つ人材との連絡を社内電話やメッセージ機能で簡単に行うことができたりするようになるサービスである。また、②顧客データHubは、Sansanの顧客企業が所有する顧客データに関して、Sansan独自の技術を使うことによって、その精度を向上させ、二重登録を防ぎ、名寄せやクレンジングの工数を

削減し，顧客データをより使いやすくし，その価値をより高めるサービスである。換言すれば，セールスフォース等の顧客管理や営業支援ツールとSansanを連携させることで，顧客データの精度向上を図ろうとするものである。

　テクノロジーを用いた名刺管理のデジタル化は，他の事業者もやれる技であり，現段階における技術はSansan創業時（2007年）のものより精度が高いはずである。こうした後発者は，価格破壊しながら市場に参入しようとすると考えられる。こうした競争者の出現に対して，Sansanは，現在まで大量の名刺を正確にデータ化してきたノウハウをもとに，後発者にはできないサービスをも提供することにより，マーケットを防衛するとともに，市場のパイオニアとして「名刺管理のデジタル化」という生活革命を進めていくこととなろう。

7．Sansanのプラットフォーマーとしての可能性

　上述の顧客データHubで用いられているAIの使用にあたって最も重要なのは，斉一なレベルでのデータと言われている。Sansanには，世界的にも著名なデータアナリストが所属しているが，そのデータアナリストによれば，Sansanが扱う名刺データは，データ欠缺が少ないという意味でAIを使った分析に適しているそうである。このことは，今後AIでの分析活用の可能性が高いことを意味しているといえよう。

　現にSansanでは，企業が自分たちの役職員と名刺交換している個人に対する任意のアンケートをもとに，自社のブランドイメージに関し，客観的なスコアを調査できるサービスの提供も開始している。

　こうしたことは，Sansanが特化した名刺データをベースに，内外のサービスと連携した新たなビジネスプラットフォームの構築を可能とする。この点を捉えて，産業革新機構は，2014年5月のSansanへの出資にあたり，「名刺情報のデジタル化を飛躍的に進化させる日本発のITビジネスプラットフォームの海外展開を支援し，IT分野においてグローバルに展開し世界にインパクトを与える日本発ベンチャーの創出を目指します」というコメントを公表している。

8．Sansanの今後

　Sansanは，アナログとデジタルの共存時代におけるテクノロジーを使って成功したビジネスモデルである。1940年代半ばと言われるデジタル・コンピューターの発明以来60年を経たところでSansanは創業し，その後約12年が経過する。コンピューターと通信とを接合させたビジネスツールの普及に伴い，現在企業では，業務において紙を出さない使わない方向にシフトしている。このことは，そう遠くない将来紙の名刺自体がなくなる可能性もある点を示している。

　ただ，そうした時代においても，「人と人の出会い」は続く訳で，その出会いを先々のビジネスにつなげる必要性には何ら変化はない。そうした時代においては，初対面の際に，現在の紙の名刺に書かれた社名　住所　肩書，電話番号，メールアドレス以上に，学位論文とか，ビジネス経験をも含めてデータで交換するようになると思われる。そうした時代にもSansanとして持続的な成長を継続できるよう，今後ともSansanは，「出会いからイノベーションを生み出す」企業として発展していかなくてはならないと考えている。

9．まとめ（発明とイノベーション）

Sansanは，テクノロジーを使ったイノベーションを起こした。ここで，発明とイノベーションの相違を整理してみたい。

すなわち，発明は，新しい技術や道具の創出，アイデアの具現化である。コンピューターの廉価化や普及は，この発明を容易にした。これは，発明者が自ら考案し，開発した結果そのものであり，事業化とは異なる。

これに対して，イノベーションは，上記発明なり，既存技術を活かして，従来のやり方を変えるものである。従来のやり方の変更は，自らがそうするだけでは，世間には広がらない。皆のやり方が変わるには，イノベーターが提供する新しいやり方が皆に支持され，取り入れられる必要がある。その意味で，イノベーターが世間から信頼を勝ち得て共感されてこそ，成功するわけである。

Sansanの例でいえば，テクノロジーがもたらした名刺情報のデータ化を人手による補完を通じて信頼性の高いデータに近づけたことがお客様の信頼を勝ち取り，Sansanが提供する名刺管理手法に共感を呼び，ビジネスとしての成功を導いた。

アイデアという無形価値である知的資産をビジネス化する場合の最重要ポイントは，アイデア自体の良し悪しもさることながら，提供される財・サービスに信頼感があることである。この点を実証しているのがSansanの成功とも言えよう。

知的資産経営における成功は，アイデアという知的資産だけでなく，顧客からの信頼という社会関係資本につながる部分があってこそ実現される。この点が，知的資産経営学会におけるSansanの成功から読み取れる重要な示唆であると考える。

学会報告論文

太陽熱を利用した淡水化技術と新規節水農法
―― 迫り来る食糧価格高騰時代に備えて ――

實野　孝久
(大阪大学レーザー科学研究所，社団法人太陽エネルギー利用推進研究会)

浜部　薫
(社団法人太陽エネルギー利用推進研究会)

實野　雅太
(東京農業大学教職・学術情報課程)

要　旨

　現在の76億人と言われる世界の人口を養っているのは，「緑の革命」と呼ばれる機械化，大規模化と肥料，農薬を大量投入する現代農法であるが，その工程のすべてが石油を大量に消費しているため，農産物の価格が石油価格に追随する事態を招いている。今後の石油コストの上昇が続けば，食料価格の上昇を生じ，途上国の貧困な地域の住民が食料を得られない「経済的な飢餓」を生じることが予想される。また，温暖化や寒冷化などの気候変動により食料生産に支障が出る可能性もあり得る。そこでまだ農地として活用されていない乾燥地の太陽エネルギーに着目し，太陽熱で塩水などを淡水化し，高度な節水が可能な農法と組み合わせれば，石油価格の上昇や気候変動があっても，乾燥地帯の住民の生活を支えることが可能となると考えられる。また，現地の植物残渣から肥料や農薬を生産して，省力化農法と組み合わせれば，物資の運搬が困難な僻地でも農業生産を行える。本稿ではわれわれが開発してきた太陽熱淡水化装置と，ストーンマルチを用いた省力化農法，水中放電によるリグニンの肥料化などによる乾燥僻地でも可能な淡水化農法について報告する。

キーワード：緑の革命，石油価格と食料価格，経済的な飢餓，太陽熱淡水化装置，高度節水農法，リグニンの肥料化，淡水化農法

1. はじめに

　世界の人口が2011年に70億人を突破し，現在76億人を超えていると推定される[1]。増加する人口に伴い，食料とエネルギーへの需要が増加することが予想されるが，食料は石油を大量消費する「緑の革命」[2]で大きく変化した現代農業により，豊富に供給されているため，持続的発展が継続できているように見受けられ

る。しかし，高品位の油田や炭鉱はいずれ枯渇することが予想され，採取の困難な資源を用いる必要が生じてくる。この結果，石油などのエネルギー価格が人口の増加に伴って上昇し，それに追随する形で食料価格が上昇する傾向が現在においても認められる[3]。この傾向が進むと，食料は豊富に生産できても，価格が高価になることで発展途上国や貧困地域で食料の入手が困難になる「経済的な飢餓」が起こり得る。また，今後の気候変動により，現在は豊富に食料を生産している地域での生産が困難になることも予想される。これらの変動要因により，食料生産量の減少や価格の高騰が生じると，対策が困難な非常に厳しい社会的緊張や混乱が生じる。

　上記のような将来の社会不安のみならず，現在の世界には多くの乾燥地が存在し，広大な土地が未利用のまま放置されている。農業に利用できる土地は適量の降雨に恵まれる地域か，自由に灌漑用水を得られる大河の周辺などであるため，限られた土地しか利用されていない。しかしこのような乾燥地や半乾燥地にも多くの住民が居住しており，日々の生活用水の確保と燃料（主に薪や動物の糞）を集めるために多大な労力をかけている。一方でこれらの乾燥地は太陽光だけは豊富にあり，強い日差しが利用されることなく照りつけている。加えて，乾燥地や半乾燥地では，農業や飲用に適さない塩類汚染された塩水が得られる場所も多く，海水も含めて原水を入手可能な地域が存在する。そこで，もしこのような乾燥地に太陽熱で塩水から塩分を除去できる淡水化装置を設置すれば，豊富な太陽熱で淡水を製造して，飲用や農業に利用することが可能となる。本稿では著者らが行っている太陽熱淡水化装置の開発と，少量の淡水を有効に利用するための新しい節水農法の開発などについて報告したい。

2．石油依存型農業

2.1　「緑の革命」の意味

　長年の農業改革で作物の生産量を飛躍的に増大させた Norman E. Borlaug（1970年にノーベル平和賞を受賞）の功績により，危惧されていた「成長の限界」[4]が取り除かれ，世界人口の大幅な増加でも食料に困ることは無くなった。しかし，この農業改革では大型の耕耘機などを用いた大規模化，機械化，肥料・農薬の大量投入，ハイブリッド種の使用やモノカルチャー栽培（単一種大量栽培）などが行われており，大規模農家や先進国に有利な農法となっていた[5]。大量に生産される安価な農産物に押され，零細・小規模農家では経営的に太刀打ちできず，農業を放棄する人たちも多くなってきている。この傾向は海外でも見られ，農業国のブルガリアでも顕著であるとのことであった。

2.2　石油価格と食料価格

　石油価格と食料価格の関係は多くの報告例があるが[6]，景気や石油価格そのものの変動などで石油価格が変化すると，食料価格はほぼ追随する形で変化している。その例を図1に示す。石油／食料価格の変動は近年大きくなっているが，長期のトレンドとして食料価格は上昇基調にあり，図2に示すように2002年に比べて2016年では小麦，大豆，トウモロコシの価格は約2倍に上昇している[7]。

2.3　食料価格上昇がもたらす社会騒乱

　食料価格が上昇した場合，まず現れるのは貧困で食料を輸入に頼っている途上国での飢餓である。この飢餓は食料が不足することによるものではなく，食料価格が上昇することによる「経済的飢餓」となるため，恒久的に救済することは難しい。そのため，地域住民が土地を放

図1 石油／食料価格の変動(3)
食料価格指数は原油価格に追随している。

図2 最近の食料価格の変化(5)

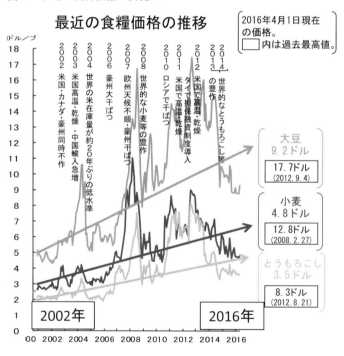

棄して大量の難民が発生し，地域紛争が発生することが予測される。2011年から始まった「アラブの春」は，この予兆と言える(8)。図3に当時の食料価格の上昇を示す。景気の動向で石油／食料価格は一旦下落したが，現在はこの当時の半分程度まで上昇してきている(9)。この上昇が続けば，「アラブの春」の再来も近いと言える。また，食料の価格上昇が顕著になっても食料の絶対量は不足しているのではないため，各国で実施している減反政策は解除できない。

2.4 気候変動の農業生産への影響

現在，温暖化ガスの影響で気温の上昇が続くと予想されているが，この温暖化は農業生産に大きな影響をもたらす。しかし温暖化であれ

図3 食料価格の上昇と社会騒乱(8)

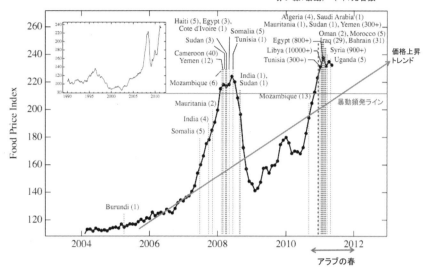

ば、より高緯度地方に農業生産を移動すれば農業生産は継続できる。一方で太陽活動の沈静化から、急速な寒冷化を予想する報告もある(10)。寒冷化すると現在の穀倉地帯が生産に向かなくなり、農業生産をより温暖な地域に移す必要があるが、このような地域は降雨量が少なく、農業には適さない。このような乾燥地でも可能な農業生産手段が必要となると考えられる。

2.5 乾燥地における淡水化農業の重要性

今後の気候変動が現在の穀倉地帯での農業生産を阻害した場合、新しい農地を開拓する必要があるが、乾燥地での節水農法は温暖化、寒冷化のいずれの場合にも活用できる重要な農業生産法になると考えられる。特に乾燥地の活用は気候変動の有無に関わらず、重要な要素となると言える。乾燥地で農業を行うためには現地にある塩類汚染した原水を利用し、石油や他のエネルギーに依存しない淡水化法を用いて農業に使用できる真水を得ると共に、少量の真水でも十分な作物を得るための高度な節水農法を用いる必要がある。以下に新しい太陽熱淡水化法と新規の節水農法について紹介する。

3. 従来の淡水化法の課題

現在、世界各地では海水を淡水化する大規模な装置が稼働しているが、いずれも燃料や電力・資材を大量に消費する課題の多い方式である。以下に順に従来法を紹介し、その後に新しい太陽熱利用方式を紹介する。

3.1 蒸発法

熱源や燃料などが容易に入手できる場合に多く使われているのが蒸発法で、石油などの燃焼熱を利用し、海水を減圧下で加熱して蒸発させ、冷たい原水で冷却して凝縮させて蒸留水を得る方法である(11)。この方式では多段フラッシュと呼ばれるタンデムに配置された蒸発／凝縮装置を用い、燃焼などによる一つの熱の流れで何回かの蒸発／凝縮を繰り返し、全体の熱効率を向上させる方式が用いられている。熱源となる燃料が容易に入手できる産油国などで使用されている。生成された淡水のコストは200円／m^3程度である(12)。

3.2 逆浸透膜法（RO法）

多孔質の膜などが持つ逆浸透（Reverse Osmosis）現象を利用して、原水に高い圧力を掛けて水の分子だけを抽出する方式であり、電力が入手できる地域で多数使われている[13]。ただし、塩分濃度が高くなると電力を多く消費するため、海水の場合は2倍程度まで濃縮した後に原水を排出している。膜内での細菌発生などを予防する薬剤等が必要になる。生成される淡水のコストは100円／m^3程度である[14]。

3.3 太陽熱法

従来は図4に示すような太陽熱を装置のガラス窓を通して原水に当て、加熱されて出てきた水蒸気をガラス窓で冷却して凝縮させるベイスン式と呼ばれる方式が広く試みられていた[15]が、原水内での藻の発生や淡水の生成効率の悪さ（2～3ℓ／日・m^2）から、定常的に用いられている装置はほとんどないと言える。この他に外部の太陽熱吸収装置を用いたり[16]、多重効用（多段フラッシュと同じタンデム型）を用いたりした装置[17]が提案・試験されているが、大規模で長期的に使用するには後で述べる困難が伴う。

3.4 淡水化装置が満たすべき要件

従来から用いられている蒸発法と逆浸透法では大規模な設備が必要であり、設備費と燃料・電力費が大きいため、潤沢な費用を掛けられる

図4 ベイスン式淡水化装置[15]

産油国や先進国で多く用いられている。しかし、これらの淡水化法では、共に2倍程度に濃縮した海水を廃棄しており、この高濃度排水が海底の生物環境に大きな影響をもたらすことが指摘されている。したがって、このような高濃縮塩水を定常的に排出する淡水化装置は環境負荷が大きいと言える。

一方、太陽熱利用法では燃料や電力は消費しないが、どうしても単位面積当たりの蒸留水の生成量が少なくなる傾向がある。これまで報告されている例では1段で10ℓ／日・m^2程度[18]、多段フラッシュで24ℓ／日・m^2であるが[19]、多段フラッシュでは複雑な構造のために装置の維持が難しく、コスト的にも高価となることが普及の大きな障害となる。また、蒸発部にウイック（表面積の大きな繊維）を使用する例も報告されている[20]が、長時間の使用には適さないと考えられる。

以上のことから、装置コストを抑えながら長期間の稼働が可能であり、濃縮原水を排出しない方式の淡水化装置が望まれる。

4．新規太陽熱淡水化装置

4.1 トラフ型沸騰蒸留法

従来の太陽熱淡水化装置の欠点を克服するために、トラフ（雨樋）型の反射鏡を用いて太陽光を集光し、吸熱性と断熱性に優れた選択吸収膜付きの真空断熱ガラス管で原水を沸騰蒸発させる淡水化装置を開発した。装置構成を図5に、写真を図6に示す。ガラス管には両端解放型を用い、下端より原水を導入し、上端に原水と水蒸気を分離するバッフルを装着して、水蒸気のみを取り出す構造とした。原水は連通管の原理で原水タンクから常時供給されるため、原水タンクの水位さえ維持しておけば、蒸発管内の水位制御は全く不要である。発生した水蒸気は冷却凝縮器で蒸留水にされるが、この時大量

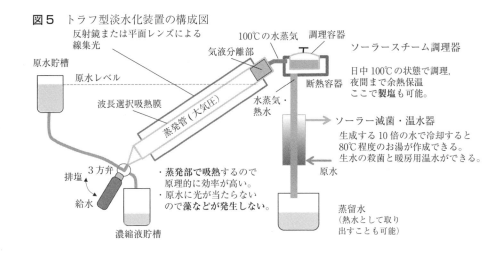

図5 トラフ型淡水化装置の構成図

図6 トラフ型淡水化装置の写真

の蒸発潜熱が放出されるため，この部分で調理や滅菌，製塩などの熱利用が可能となる。実際の太陽光を用いた測定では，国内でも熱効率は70～80%の値が得られており，乾燥地の強い日射では90%を超える熱効率が予想される。簡単な装置で非常に効率よく作動するが，集光鏡に放物面鏡を使用している場合には，反射鏡の方向を正確に太陽に追尾させる必要があり，駆動機構が必要となるのが欠点である。

4.2 外部集熱器を用いた改良ベイスン法

上記のトラフ型蒸発器は受光した太陽熱を原水の蒸発潜熱として取り出し，凝縮器で放熱するため，熱媒体を循環する方式に比べると高い熱効率が得られる。しかし，反面，原水が100℃を超えて沸騰するまでは，全く蒸留ができないことと，温度が高いために全体としての熱損失が大きくなることが危惧される。そこでより低い温度で原水を蒸発させ，その際に生じる水蒸気を凝縮させる方法を検討した。従来から用いられてきたベイスン式（盆型容器での蒸発法）を改良し，外部吸熱器で太陽熱を受け，その熱でベイスン内の原水を加熱し，広い面積で蒸発した水蒸気を空冷した金属板で凝縮させる改良ベイスン式の蒸留装置を考案した。従来のベイスン式はガラス窓を太陽光の取り込みと冷却・凝縮の2つの機能を果たすようにしていたため，冷却すべきガラス窓が太陽光で熱せられるという矛盾を生じていた。また，ガラスは熱伝導が悪く，効率的に冷却できないという欠点も有しており，必然的に大型化する必要が生じていた。今回の改良型では，加熱は外部吸熱器を使用し，冷却部には金属板を用いて冷却効率を上げると共に，原水を太陽光から遮蔽して藻の発生を防止する構造とした。また，冷却部は黒く塗った遮光板で覆い，この遮光板が加熱された時に生じる上昇気流で冷却されるソーラーチムニーの原理を採用する予定である。

この方式では外部吸熱器はどのような形でも良いが，現在は太陽熱温水器用の平板吸熱器にヒートパイプを装着して使用することを検討し

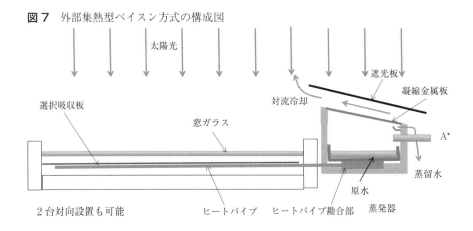

図7 外部集熱型ベイスン方式の構成図

ている。装置構成を図7に示す。予備実験ではこの吸熱器の熱効率が低い（放熱面積が大きい）ため，この放熱を抑制する方式を探索している。

5．新規節水農法の開発

現在も継続して淡水化装置の開発を継続しているが，太陽光の照射強度は1m²当たり約1kW程度であるので，熱効率が70％としても生成できる真水の量が10ℓ／日・m²程度であるため，大量の真水を製造するためには多くの装置が必要となる。このため，淡水化を行った真水で農業を行う場合，太陽熱淡水化装置にコストを掛けないためには，節水率の高い農法が必要となってくる。

5.1 従来の節水農法

これまでの節水農法としてはパイプで作物の根に直接灌漑用水を滴下する滴下灌漑法が普及してきている[21]が，この方式では土壌の耕耘のためにはこのパイプをいったん除去して耕耘機で耕耘し，再度パイプを設置するという手間が掛かっていた。この作業は手間だけではなく，灌漑設備にも負担がかかり，撤去と再設置には多くのロスが発生していた。また，この方式では地面が大気に露出しているため，空気中への蒸発も防止できないので，より高い節水にはビニールなどによるマルチングが必要であり，コストのかかる方式となっていた。このため，乾燥地の僻地などには適用が難しかった。

5.2 水耕栽培法とその課題

このような従来の節水農法の欠点を補う方法の一つが水耕栽培法[22]である。この方式ではパイプや水槽などの容器の中に培養液を循環させて，土壌を使わずに作物を栽培するため，使用する水の量は多いが，消耗するのは作物が蒸散する量だけとなるため，究極の節水農法とも言える。しかし，従来の水耕栽培では砂漠などの気温が上昇する地域では水温が上がり，根の温度が上がってしまうと作物が枯れるという課題があった。多くの水耕栽培施設で，この水温上昇で作物が損傷する事態が発生していた。

5.3 埋設配管型水耕栽培法とその課題

上記の水耕栽培の欠点を補うため，配管内で水耕栽培を行い，その配管を温度が安定している地下に埋設する方式を考案した。装置構成を図8に示す。この方式では培養液は地下の安定した温度に保たれるため，酷暑の砂漠地帯でも適用が可能と考えられる。実際に配管を埋設した栽培試験を行ったが，夏・冬共に全く問題なく栽培が可能であった。

図8 埋設配管水耕

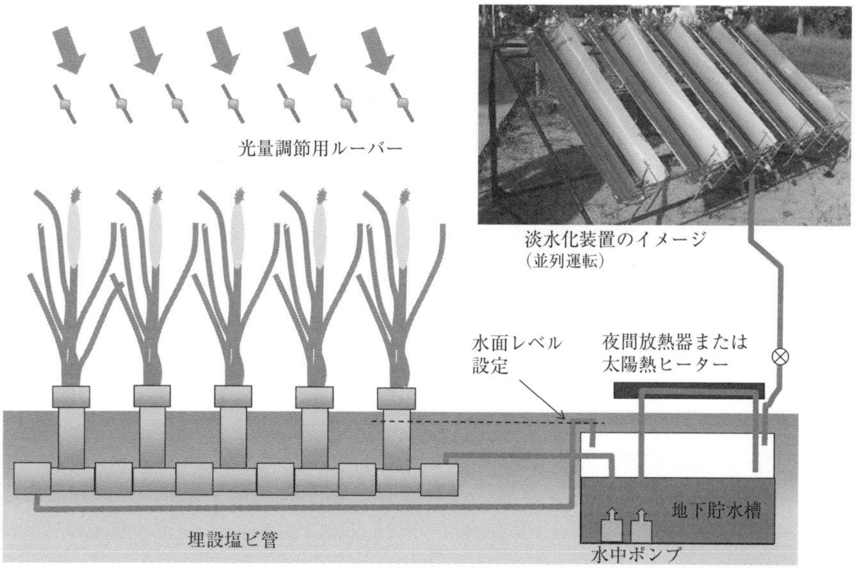

しかし，この方式では，配管や循環装置に多額の費用が必要となり，また装置の中の養分濃度の維持やpHの維持，雑菌の発生の抑止などの科学的な知識が必要であることから，乾燥僻地の住民には維持が困難であると考えて次に述べるストーンマルチ法／局所攪拌耕耘法に移行した。

5.4 ストーンマルチ法とその欠点

乾燥地の緑化を進める方策として，大きめの石を敷き詰めて地表面からの水分の蒸発を防止し，夜間の結露による水分の供給も可能とするストーンマルチ法が開発されている[23]。この方式では現地にある石を並べるだけで灌木が成長する素地を提供できるため，非常に優れた砂漠緑化法である。しかし，農業生産に使用するためには，耕耘時にこの石を除去しなければならず，原理的な困難があった。

5.5 局所耕耘法

この困難を回避する方策として，棒状のシャフトで地面に穴を開け，この空間に作物の根を進展させる局所耕耘法が東京農大で開発された[24]。実際のストーンマルチ法と組み合わせてチンゲンサイを栽培した例を図9に示す。この栽培はハウス内で同じ灌漑量で栽培されたストーンマルチありと無しの例であるが，明らかにストーンマルチありの方が作物の成長は良好となっている。

ただ，この方式で農業生産を行う場合，シャフトで開けた穴だけでは根の領域が不足することと，ストーンマルチの下から雑草や灌木が発生した場合に除去が困難となるため，このままでは農業生産に向かないことが判明した。

5.6 改良型局所攪拌耕耘法

そこでこのストーンマルチ法の石の下に，植物の根を通さない透水防根シートを敷き込み，雑草や灌木を防止するとともに，局所耕耘の範囲を広げた局所攪拌耕耘を行って作物を栽培する試験を行った。大型の石が入手困難であったため，外装用レンガを防根シートの上に敷き詰め，その隙間の防根シートを切って杭用の穴あけ器で直径6 cmの穴を開け，そこに肥料と培養土を投入した。穴の深さは10 cm程度とした。局所攪拌耕耘している場所以外はレンガと防根シートで密閉された状態となっている。設置状況を図10～11に示す。国内では定期的に

図9 ストーンマルチ法と局所耕耘[24]

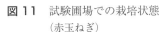
局所耕耕法+ストーンマルチ　　　　　　　　局所耕耕法

図10 ストーンマルチと防根シートの組み合わせ

図11 試験圃場での栽培状態（赤玉ねぎ）

雨が降るため，滴下灌漑の装置は設置しなかった。

この栽培法を借用した農園で継続して実施し，繰り返し栽培に適しているかどうかを検証した。2年半にわたって赤タマネギ，トウモロコシ，白タマネギ，ニンジン，赤タマネギと栽培してきたが，いずれも大型の収穫物が得ら

れ，問題なく収穫できた。収穫物の写真を図12～15に示す。また，植え付けた後は基本的に放置状態で，水やりや草取りもほぼ不要であった。

本栽培試験では養液滴下灌漑を行わなかったため，穴の底に油粕の肥料を投入し，培養土を上に補給したが，乾燥地では養液滴下灌漑を行

図12 収穫状況（赤玉ねぎ）

図13 収穫状況（トウモロコシ）

図14 収穫状況（白玉ねぎ）

図15 収穫状況（人参）

う必要があるため，逆に手間のかかる肥料の投入が必要なくなるため，非常に省力化された農法となる。

6．栄養補助食材と新規肥料作製法

これまで開発を進めてきた淡水化装置と節水農法を実際の乾燥地で試験し，普及させるためにJST/JICAのODA研究開発プロジェクトに応募したいと考えているが，この応募には栄養補助食材の培養試験も加えたいと考えている。この栄養補助食材はアフリカ原産のスピルリナという藻類で，強アルカリ塩水の中で増殖する，栄養価に富んだ食材である。

また，乾燥僻地で農業を行う場合，肥料を購入することが地理的・経済的に困難であることから，肥料を現地で入手する方策が必要と考えられる。

6.1 スピルリナの培養法

この藻は強アルカリ塩水中で増殖し，タンパク質を始め，多くの栄養を含んでおり，アライアンス・フォーラム財団がザンビアで普及活動を行ってきている[25]。培養法は池の中で太陽光を当てて培養するだけであるが，培養を続けると培養液の能力が低下してくることが知られている。この理由は水中の養分の減少に加え，空気中の炭酸ガスが培養液中のアルカリ分と結合して沈殿するためと考えられ，定期的に培養液を交換する必要が生じているが，強アルカリ塩水であるため，廃棄も難しい。この培養液をわれわれが開発した蒸留装置で濃縮し，太陽熱で焼成すればまた元の強アルカリを回復できると考えられるため，スピルリナの普及のためにわれわれの技術が活用できると考えられる。また，後述するリグニン分解液も肥料として活用できる。

6.2 新規肥料作製法

農業を行うための肥料として，現在多くの化学合成肥料が使われているが，これらはおおむね化学製品であり，石油に依存している。一方，有機栽培などで用いられる堆肥は植物残渣を積み重ね，菌類の作用でリグニンやセルロースを分解して肥料としている。植物中のリグニンは常温・常圧・中性では分解が困難な物質であるが，唯一白色腐朽菌のみが分解できるため，古生代石炭紀末期（約2億9千万年前）から石炭ができなくなった理由と言われている[26]。

この堆肥作りは生物反応を利用するため，時間がかかる作業であり，またできる肥料は固形で，農地に運んで土壌にすき込むなどの処置が必要であるため，養液滴下灌漑では使用が難しかった。

著者らはレーザー用の高電圧電源を日常的に取り扱っているが，パルスの高電圧を水中の針状電極に印加した時に発生する水中ストリーマー放電では，その発光スペクトルから活性OH基が発生していることが知られており[27]，これは水中に過酸化水素が生じているためと考えられる。一方，木材を粉砕してセルロースを分解酵素で分解する時に，過酸化水素を加えるとリグニン残渣が減少することが知られており[28]，この2つを同時に起こせば中性・常温・常圧でリグニンの分解が進むのではないかと考えて実験を行った。本研究についてはまだ論文化前なので，詳細は差し控えるが，不溶性の中性リグニンの水溶液化に成功した。この水溶液を市販肥料の代わりに使用したところ，培養土を使用した栽培では市販肥料よりも優れた効果を示し，栄養のない赤玉土でも市販肥料に少し劣る程度の肥料効果を示した。おそらくリグニンの中性・常温・常圧・無触媒での分解例としては世界で初めての報告になると考えられる。

この技術を用いれば，乾燥僻地で植物残渣を粉砕し，放電処理することで養液滴下灌漑に適した肥料（液肥）を得ることが可能となり，肥料等の購入・運搬が不要となる。また，先に述べたスピルリナの育成においても，育成槽で使用される肥料としての活用が期待できる。

6.3 海外での試み

太陽熱淡水化装置と節水農法，リグニンの分解による肥料成分の自作は乾燥地帯の僻地で農業を行う上で有効な技術と言える。残念ながら日本では雨が潤沢に降るため，これらの技術にはほとんど需要がないが，海外の乾燥地で食物を必要としている人々にとっては，重要な手段になる可能性が高い。また，これらの技術も実際に乾燥地で使ってみないと改良すべき点などが判らないため，海外の乾燥地での試験を計画している。JICAの相談窓口の専門家のご紹介で，現在ヨルダンの農業研究所と協力する相談を進めている。ヨルダンは治安も良く，周辺がすべて乾燥地という地理的条件から，この国を拠点としてこの技術の普及を図れれば良いと考えている。

7．むすびと謝辞

「緑の革命」は石油を使った農産物の大量生産で増加する世界人口を支えることに成功した。しかしその裏返しとして，石油価格が上昇した場合には，食料価格が上昇するという関係が生じてしまった。また，大量生産に押された中小零細農家が農業で生計を立てることが困難になり，耕作地放棄が世界中で進む事態を生じている。今後，温暖化や寒冷化という気候変動が生じた場合には，大規模農業に支障が生じる可能性が高く，乾燥僻地でも農業ができる技術は重要性を増していると著者らは考えている。今後海外での実証実験を進めて，実用的な技術に育てて行きたい。

謝辞

これまでの社団法人での開発に下記の方々のご協力を得ていることを記載し，感謝を申し上げたい。

　　株式会社魁半導体　田口貢士様，
　　株式会社サンジュニア　河野誠二様，西原弘樹様，
　　株式会社レーザー応用技研　徳村啓雨様，
　　フューテックス株式会社　佐藤賢二様，
　　東京農業大学　田島淳様，
　　大阪大学レーザー科学研究所　吉田國雄様，
　　京都工芸繊維大学　山雄健史様，
　　佐賀大学　徳元家康様，
　　株式会社のもと　野本邦夫様，
　　株式会社太陽光　鈴木憲一郎様，
　　株式会社勝川熱工　勝川義清様，
　　日刊工業新聞社　平野健様，
　　株式会社タイヨー P.U.S　石川竜三様，
　　明昌機工株式会社　岡本利樹様，
　　一般社団法人関西環境管理技術センター
　　　三納清司様，加藤哲二様，
　　一般社団法人アライアンス・フォーラム財団
　　　原丈人様，原孝友様

注

(1) https://www.globalnote.jp/p-cotime/?dno=290&c_code=999&post_no=1555
(2) https://ja.wikipedia.org/wiki/緑の革命
(3) http://www.nexyzbb.ne.jp/~omnika/shoku-ryou.html
(4) ドネラ H. メドウズ（1972）「成長の限界―ローマ・クラブ「人類の危機」レポート」ダイヤモンド社。
(5) https://ja.wikipedia.org/wiki/緑の革命
(6) http://www.nexyzbb.ne.jp/~omnika/shoku-ryou.html
　　http://www.maff.go.jp/j/zyukyu/jki/j_zyukyu_kakaku/pdf/kakaku_0401.pdf
(7) http://www.maff.go.jp/j/zyukyu/jki/j_zyukyu_kakaku/pdf/kakaku_0401.pdf
(8) http://necsi.edu/research/social/foodcrises.html
(9) http://www.maff.go.jp/j/zyukyu/jki/j_zyukyu_kakaku/pdf/kakaku_0401.pdf
(10) H. スペンスマルク，N. コールダー著，桜井邦朋監修，青山洋訳（2010）「"不機嫌な"太陽―気候変動のもう一つのシナリオ」，恒星社厚生閣。
(11) http://www.sasakura.co.jp/products/water/106.html
(12) http://www.sasakura.co.jp/products/water/106.html
(13) http://www.sasakura.co.jp/products/water/107.html
(14) http://www.sasakura.co.jp/products/water/107.html
(15) Kalogirou, S. (1997) "Survey of solar desalination systems and system selection," *Energy*, Vol.22, Issue 1, pp.69–81.
(16) Voropoulos, K., et al. (2001) "Experimental investigation of a solar still coupled with solar collectors," *Desalination*, Vol.138, Issues 1–3, pp.103–110.
(17) Schwarzer, K., et al. (2001) "Solar thermal desalination system with heat recovery," *Desalination*, Vol.137, Issue 1–3, pp.23–29.
(18) Voropoulos, K. et al. (2001) "Experimental investigation of a solar still coupled with solar collectors," *Desalination*, Vol.138, Issues 1–3, pp.103–110.
(19) Schwarzer, K., et al. (2001) "Solar thermal desalination system with heat recovery," *Desalination*, Vol.137, Issue 1–3, pp.23–29.
(20) Tanaka, H., et al. (2005) "Indoor experiments of the vertical multiple-effect diffusion-type solar still coupled with a heat-pipe solar collector," *Desalination*, Vol.177, Issues 1–3, pp.291–302.
(21) https://ja.wikipedia.org/wiki/点滴灌漑
(22) https://ja.wikipedia.org/wiki/水耕栽培
(23) 高橋悟ほか（2005）「アフリカ沙漠化地域の農業開発について」『農業土木学会誌』73 巻 3 号，199–203 頁。
(24) 田島淳ほか（2003）「雑草リビングマルチを利用した局所耕うん栽培における元肥の施用方法とチンゲンサイの生育」『農作業研究』38 巻 1 号，17–24 頁。
(25) http://www.allianceforum.org
(26) https://ja.wikipedia.org/wiki/木材腐朽菌
(27) 安岡康一ほか（2008）「水中プラズマによる化学（有機）プロセス」*Journal of Plasma Fusion Research*, Vol.84, No.10, pp.679–684.
(28) 野尻昌信ほか（2009）「酸素漂白導入による木質バイオエタノール製造効率の向上」森林総合研究所研究成果選集。

学会報告論文

原価企画の進展と知的資産経営

田坂　公
(福岡大学商学部教授)

要　旨

　本論文の目的は，原価企画の論点のなかから，原価企画活動の発展段階をどのように捉えることができるのかについて，1960年代から現在そしてこれからの新しい環境変化を踏まえて，原価企画の変容と展望を検討していくことにある。

　原価企画は，わが国で独自に開発された管理会計手法である。その起源は1960年代に遡る。1963年に原価企画という用語が誕生したと捉える場合，現在まで56年が経過した。また，1980年代半ばから原価企画が管理会計手法として位置づけられたと捉える場合，現在まで30余年が経過した。今日では，世界各国の加工組立型産業を中心に原価企画が適用されている。

　この30余年間に，日本だけでなく世界の社会経済環境は大きく変わってきた。いかに優れた機能を有しているとしても，あらゆるシステムは時代の進展とともに変革を迫られるのは世の常である。原価企画についても例外ではなかろう。現在の原価企画は，変革期に位置づけられる可能性が高く，まだ形がみえておらず，その進展は現在進行形である。本論文では，変革期にある原価企画のステージを「顧客価値提案型の知的資産経営の遂行」と呼称した。

キーワード：原価企画，知的資産経営，顧客価値提案，戦略的コスト・マネジメント，サービス原価企画，サービタイゼーション（製造業のサービス化），AI/IoTの進歩

1．はじめに

　原価企画は，わが国で独自に開発された管理会計手法である。その起源は1960年代に遡る。1963年に原価企画という用語が誕生したと捉える場合，現在まで56年が経過した。また，1980年代半ばから原価企画が管理会計手法として位置づけられたと捉える場合，現在まで30余年が経過した[1]。今日では，世界各国の加工組立型産業を中心に原価企画が適用されている。

　この30余年間に，日本だけでなく世界の社会経済環境は大きく変わってきた。いかに優れた機能を有しているとしても，あらゆるシステムは時代の進展とともに変革を迫られるのは世の常である。原価企画についても例外ではなかろう。原価企画研究は，世界に普及する管理会計手法となったと同時に，新たな論点や課題を

提起しながら進展を遂げてきた。例えば，原価企画の起源はいつなのか，原価企画はどう定義されるのか，原価企画活動の発展段階をどのように捉えることができるのか，原価企画活動はどのように評価できるのか，原価企画のフレームワークをどう捉えるのか，等である。

本論文の目的は，原価企画の複数の論点のなかから，原価企画活動の発展段階をどのように捉えることができるのかについて，1960年代から現在，そしてこれからの新しい環境変化を踏まえて，原価企画の変容と展望を検討していくことにある。第2節では，原価企画の発展段階をめぐる諸説と3つのステージについて述べる。第3節では，今日の環境変化のなかで変革期を迎えている原価企画について述べる。第4節では，知的資産経営のなかで顧客価値提案のタイプを検討する。第5節では，変革期にある原価企画の展望について考察する。最後に本論の発見事項を述べる。

2．原価企画の発展段階をめぐる諸説と3つのステージ

原価企画の定義自体は論者によって異なるが，本論文では，原価企画の定義を「製品・サービスの企画・設計段階を中心に，技術，生産，販売，購買，経理など企業の関連部署の総意を結集して原価低減と利益管理を図る，戦略的コスト・マネジメントの手法」（櫻井，2015b，p.307。筆者が「サービス」を追加）と定義する。原価企画は製品の企画・設計段階で同時並行する関連組織活動であり，経営戦略と結びついた管理会計技法であることを含意した定義である。原価企画が今日，新製品の企画・設計段階における戦略的コスト・マネジメントの手法であることは広く知られている。さらに，原価企画を適用する業種が製造業だけでなく，今日ではサービス業へも拡大していることが確認されている（後述する3.1.3を参照）。そこで，本論文では，定義の中に製品だけでなく，「サービス」も追加している。とはいっても，原価企画は，現在のように戦略的コスト・マネジメントのツールとしていきなり活用されていたわけではなかった。そこで本節では，原価企画の発展段階をどのように捉えるのかについての先行研究を整理してみる。

なお，日本会計研究学会特別委員会（1996）は，原価企画の本質について，「総合的利益管理活動」の一環として戦略的コスト・マネジメントと位置づけた。しかし，総合的利益管理という考え方を本論文ではとらない立場をとる。その理由として，ここでは2つをあげる。

第1に，原価企画は，マーケット・イン志向にもとづいて戦略的にコスト・マネジメントを行った結果として利益を獲得するので，単なる利益管理ではない。その意味では，原価企画は「利益企画」であるという表現（田中（雅），1990）も誤解を招きかねない。

第2に，利益管理というと，CVP分析や価格決定などが重要であるが，原価企画にはCVP分析のような機能はない。したがって，利益管理とか利益企画といった表現は，原価企画の本質に誤解を与えかねない。原価企画は，あくまでも総合的原価管理，すなわちコスト・マネジメントがより本質的な要素である。

以上の理由により，日本会計研究学会特別委員会（1996）が原価企画の「あるべき姿」として述べた総合的利益管理という考え方を本論文では採らない。

2.1 原価企画の発展段階を区分するための4つのメルクマール

原価企画の起源について諸説があるように，当該発展段階の考え方も一様ではない。どれが正しいということでもない。そこで本論文では，4つの観点に基づいて発展段階を整理してみる（田坂，2008）。

原価企画の発展段階を区分するメルクマールは，①目的，②ツール，③関連組織の考え方，

④戦略性の4点にあると考えられる。その理由は4つある。第1に，原価企画の発展段階は原価企画の目的と密接に関連しているが，目的によって本質が変化するからである。たとえば原価低減に重点をおいた時代，次に利益の作り込みの時代，さらには利益創造の時代というように原価企画の目的に重点の相違がみられる。

第2に，目的の変化は，それを達成するためのツールの変化として捉えることもできる。たとえばVEは原価企画にとって主要なツールであるが，目標原価の達成のためにはVEだけでなく，コスト・テーブルを整備することも必要である。さらには技術者だけのツールではなく，関連組織全体で原価低減活動を実施するためにはクロスファンクショナルな活動が必要である。したがってツールの進歩は，原価企画の発展段階を区分する基準となり得る。

第3に，目的の変化は，ツールだけでなく原価企画を実施する主体（関連組織）にも影響を及ぼす。つまり，原価低減だけが目的であればその主体は技術者が適している。しかし，今日では，原価低減だけでなく利益の作り込みも求められ，原価企画の主体はマーケティング，設計，生産・技術，サプライヤーなどを巻き込み，関連組織は拡大している。よって，原価企画と関連組織の関係から発展段階を区分することもできる。

第4に，目的の変化とともに，競争優位を持続させるため，戦略性の考え方にも影響を及ぼす。戦略性の源泉をどこにおくかという視点でもある。コスト優位と差別化の同時達成をめざすだけでなく，グローバル化による競争の激化も考慮する必要がある。グローバル化の問題は，1985年のプラザ合意を転機とする急激な円高から本格化した（櫻井，1994）。グローバル化の流れのなかで，原価企画のあり方も厳しい価格競争に巻き込まれ，よりいっそうの原価低減を強いられるようになった。原価企画と戦略の関わりがどのように結びついてきたのかを考えることは，原価企画の発展段階と密接に関係する。以上より，田坂（2008）では，原価企画の発展段階を区分する視点として，①目的，②ツール，③関連組織の考え方，④戦略性の4点を，発展段階を区分するためのメルクマールとした。

2.2 原価企画の発展段階における先行研究

本節では，前述した4つのメルクマールをふまえながら，発展段階を区分する先行研究を整理する。原価企画の発展段階を区分する先行研究は，内容による区分（田中(雅)，1995；2002；諸藤，2011）と年代による区分（日本会計研究学会特別委員会，1996；櫻井，2001；吉田，2003）とがある。以下，順に検討する。

2.2.1 内容面での区分
(1) 田中(雅)（1995；2002）の研究

田中雅康教授は，原価企画の発展段階を次の5つに区分している。これをまとめると表1になる。それぞれの段階について，私見をふまえて表現すると，第1段階は原価低減の時代，第2段階は原価低減進展の時代，第3段階は利益の作り込み時代，第4段階は利益の作り込み進展の時代，第5段階は利益創造の時代といえる。

第1段階の原価低減の時代は，開発設計の中後期における試作品などを中心とした原価低減活動に目的がおかれる。この段階でのツールの中心はVE（Value Engineering：価値工学）であり，そのため設計担当者が中心となって活動する。設計担当者主導で原価低減活動を行っている段階であり，関連組織が原価企画活動を有機的に支援する段階ではない。戦略性との関係は，コスト優位に焦点が当てられていたと推測される。

第2段階の原価低減進展の時代は，開発設計の中後期において製造原価目標を達成するための原価低減活動に目的がおかれた。第1段階より，VE思考・機能思考のレベルがかなり向上している。ツールの中心はVEであり，組織の

表1 原価企画の発展段階

	目　的	ツール	関連組織	戦略性
第1段階 原価低減の時代	原価低減	VE	設計担当者（データの共有化なし）	コスト優位
第2段階 原価低減進展の時代	原価低減の進展	VE, コスト・テーブル	設計担当者（データの共有化あり）	コスト優位
第3段階 利益の作り込み時代	利益の作り込み	VE, コスト・テーブル	関連組織すべて（主要取引先も含む）	コスト優位, タイムリーな市場投入
第4段階 利益の作り込み進展の時代	利益の作り込みの進展, 中長期計画や製品戦略の一環	VE, コスト・テーブル, コンカレント・エンジニアリング, CAD/CAMによる原価見積	関連組織すべて, 海外調達部	コスト優位, 品質, 顧客満足
第5段階 利益創造の時代	利益改善, 戦略と結びつけた製品群別・ライフサイクル別の目標利益の確保と利益創造	VE, コスト・テーブル, コンカレント・エンジニアリング, 3D-CADによる原価見積	関連組織すべて, 海外調達部, 諸外国での原価企画	製品戦略, 撤退戦略, 技術戦略

出典：田中（雅）(1995；2002) より，筆者作成。

中心は依然として設計担当者である。関連組織もいまだ脆弱であるが，関連支援部門として，原価企画部門が創設され，少数のスタッフが置かれるようになってきた。戦略性との関係では，コスト優位に焦点が当てられていたと推測される。

第1段階と第2段階の相違点は，原価見積システムの違いにある。第1段階では，原価見積用データはその大部分が見積者個人に帰属しており，その標準化・共通化が進んでいない。それに対して，第2段階では，コスト・テーブルの作成が行われるようになり，見積データの標準化・共通化が進み，この共同利用が一般化する。

第3段階の利益の作り込みの時代は，新製品等の原価低減により，結果としてその製品の利益目標を確保することを目的とする。田中（雅）(1995) は，この段階を「狭義の原価企画」とよんでいる。ツールの中心は，VEであるが，コスト・テーブルの進歩によって原価見積データの標準化がほぼ完了する。担当組織の中心は，設計担当者から関連諸部門に移り，組織的な実施が行われてくる。デザイン・インとして，原価企画の支援は主要取引先も積極的に参加する。戦略性の関係は，コスト優位やタイムリーな市場投入に焦点が当てられていると推測される。

第4段階の利益の作り込み進展の時代は，製品別に中長期の利益目標を先行させ，これを実現させる有効な手段として原価低減を位置づける。原価企画の対象として，第3段階にはなかった製品企画活動，製造に入ってからの初期流動段階の活動を含めることになる。田中（雅）(1995) は，この段階を「広義の原価企画」と呼んでいる。ツールの中心は，VEであるが，海外生産品のコスト・テーブルの作成や共同利用などが行われるようになる。CAD/CAM等による原価見積も実施される。関連諸部門が，コンカレント・エンジニアリングの下に有機的に連結される。また原価企画がグローバル化し，国際調達・海外生産を含めた最低コストの原価見積が行われるようになってくる。戦略性は，コスト優位と顧客満足・品質の差別化にも焦点が当てられていると推測される。

第5段階の利益創造の時代は，中長期的利益管理の下に，技術開発計画と関連づけた製品群別・ライフサイクル別の目標利益の確保と利益を創造する。ツールについては，3D-CADによる設計プロセスの中で原価見積が実施できるようになる。関連組織は，海外調達部門などが

加えられ，支援部門もより充実する。さらにこの段階では，原価企画と戦略との関連がより強められた。戦略的・長期的視野を考慮した原価企画活動になる。戦略性との関係は，製品戦略，撤退戦略，グローバルな国際戦略（製品戦略・技術戦略等）が行われていることから，コスト優位，差別化，グローバル化による競争の激化への対応に焦点が当てられている。

以上，田中（雅）（1995；2002）の分類を，①目的，②ツール，③関連組織の考え方，④戦略性の4点で考察した。田中（雅）の研究は，ツールを取り上げている点と原価企画の目的を捉えているという3点ですぐれている。第1に，原価企画の発展段階を詳細に5つに細分化している。第2に，ツールについても詳細に記述している。特に原価見積システムの進歩が5段階の区分と強く結びついている。第3に，原価企画の発展段階を単なる時系列的な区分ではなく，主として目的に着目して区分されている。

一方，田中（雅）（1995；2002）には残された課題もある。第1に，原価見積の発展に着目したために，目的からみると共通点が多い。たとえば，第1段階と第2段階は原価低減目的であり，設計技術担当者が中心となって原価企画を実施している点は共通している。さらに，第3段階と第4段階は，利益の作り込み目的として組織全体で原価企画活動を実施している点が共通している。

第2に，第4段階と第5段階を区分する積極的理由が困難である。両段階は，目的，ツール，関連組織および戦略性の視点で共通点があり，両段階を積極的に区別する必要性がない。

（2）諸藤（2011）の研究

諸藤教授は，トヨタ自動車において原価企画が「総合的利益管理活動」に至った歴史的プロセスを，自律的組織を支援するシステムの要素（市場志向，全社のPDCAサイクルとのリンク，理解のしやすさ，迅速なフィードバック，責任の意識，厳しい目標，インタラクティブ・コントロールシステム）の視点に分解した。その上で，原価企画の発展段階を次の3つの段階に区分した。

第1段階：価格・原価および品質・信頼性の市場志向の形成段階
第2段階：複数尺度の目標同時設定・達成の仕組みの確立
第3段階：長期経営計画とリンクした車種グループ別利益管理への展開

諸藤（2011）の研究は，3点ですぐれている。第1に，原価企画のあるべき姿（日本会計研究学会，1996）として掲げた「総合的利益管理活動」に基づき見事に整理している。第2に，原価企画の発展段階を単なる時系列的な区分ではなく，自律的組織を支援するシステムの要素に着目して区分されている。第3に，原価企画の対象を個別製品ではなく，車種グループ別利益管理という製品群で原価企画を拡張して捉えている。

他方，諸藤（2011）の研究は「総合的利益管理活動」に基づいているが，前述したように筆者はこの立場を採らない。また，筆者が掲げる目的，ツール，関連組織および戦略性の視点で各段階を区別する立場ではない。

2.2.2　年代別での区分

（1）日本会計研究学会特別委員会（1996）の研究

日本会計研究学会特別委員会（1996, pp.3-4）では，原価企画の発展段階を1960年代，1970年代前半，1970年代後半，1980年代と区分している。要約すると，1960年代は原価企画の萌芽時代（主として自動車業界），1970年代前半は原価低減時代，1970年代後半は原価低減だけでなく利益確保の時代，1980年代は自動車業界だけでなく他の業界（輸送用機器，電機，機械，精密機器の組立型産業，装置型産業など）への浸透時代である。

日本会計研究学会特別委員会（1996）の原価企画時代区分は，少なくとも以下の2点ですぐれた研究である。第1に，時代区分のなかで原

価企画の目的が原価低減から利益の確保にシフトしたことを指摘している点である。第2に，年代ごとに発展段階を区分しているので，形式的にわかりやすい。一方，問題点もある。原価企画の目的，ツール，関連組織，戦略性の重点の変遷と年代区分とが必ずしも一致していない点である。

(2) 櫻井 (2001) の研究

櫻井 (2001) は，原価企画研究の発展段階を3つに区分している。つまり，①第1段階：1970年代までの工学的な立場からの初期的な研究，②第2段階：1980年代における管理会計の立場からの研究，そして③第3段階：現在の原価企画研究である。そして現在では，「原価企画に関する個々の手法の研究がほぼ完了し，製品企画や製品デザインとの関係の研究，原価企画の海外移転の問題，逆機能回避の問題，目標原価の設定に関する問題，海外での原価企画の研究に関する考察，原価企画の設定に関する実証研究，他の管理会計システムとの関係の考察など，新たな研究領域の開拓が試みられている」(櫻井，2001) 時代に入ったとしている。

櫻井 (2001) は，区分として，原価企画が取り扱う領域と原価企画の課題を考慮した点で優れている。ここでは3点あげておく。第1に，原価企画研究の発展段階を3つに区切って，その第1段階を1970年代までの管理工学的な立場からの初期的な研究と指摘した点である。この理由は，原価企画の目的が原価低減におかれている場合，技術者主導のツールであると捉えられるからである。

第2に，第2段階を1980年代における管理会計の立場からの研究と指摘した点である。原価企画を取り扱う領域が，管理工学的な領域から管理会計の領域にシフトした点はきわめて重要な点である。第3に，第3段階は原価企画に残された課題をあげながら，それを解決していく時代であることを指摘した点である。

(3) 吉田 (2003) の研究

吉田 (2003) は，原価企画の発展段階を年代と研究者 (1960年代から1970年代前半，1970年代後半，1980年代，1990年代) ごとに区分し，さらにケース研究や実態調査ごとにも分類している。吉田 (2003) のそれぞれの段階について，前述した4つの視点で検討する。

1960年代から1970年代前半の原価企画は，開発後期の試作段階以降の目標原価管理に目的があった。ツールとしてはVEが中心であった。トヨタでは1969年ごろには，自社内だけでなく，協力企業との連携も図られるようになったとしている。これは日産にも共通してみられたとしている。戦略性との関連についてはコスト優位と推察される。

1970年代後半の原価企画は，原価低減だけでなく，目標利益の確保も目的に含まれるようになった。原価企画対象も製品コンセプト設計・売価設定・初期流動管理までをも含むようになった。記述されていないが，ツール，関連組織の考え方，および戦略性についてはあまり研究が進んでいなかったと推察される。

1980年代の原価企画は，原価低減だけでなく，顧客のニーズにあった製品開発，品質の向上，新製品のタイムリーな導入といった目的も重視されるようになった。ツールとして，田中 (雅) (1986) によるVEの研究，コスト・テーブルの研究を指摘している。関連組織，戦略性についての研究はあまり進んでいなかったとしている。その理由として，原価企画に取り組む研究者がまだ少なかったことをあげている。

1990年代は，前半と後半とで3点の相違点を指摘している。第1に，原価企画の目的の拡大である。1990年代前半では原価企画の目的が原価低減活動中心であったが，1990年代後半からは，品質，価格，信頼性，納期等の諸目標の同時達成を意図する利益管理活動を意図するようになった。第2に，目標原価の範囲の拡大である。原価目標の範囲も直接費を中心とするものから，ライフサイクル・コスト全体の管理を志向するように変化した。第3に，マーケット・イン志向への変化である。1990年代

表2 原価企画の発展段階における3つのステージ

	第1段階 管理工学的ステージ	第2段階 原価低減活動ステージ	第3段階 戦略的コストマネジメント・ステージ
適用時期	1960年代〜80年代前半	1970年代後半〜90年代前半	1990年代前半〜現在
目的	原価企画は，部品原価の**原価低減**のためのツール。中長期計画での原価低減課題を想定しているとはいえない。原価企画の対象はかなり限定的。	原価企画は，**原価低減**のためのツール。新製品等の原価低減により，結果としてその製品の利益目標を確保する。マーケット・イン志向。中長期計画での原価低減課題を想定している。	原価企画は，原価低減だけでなく，**利益の作り込み**を確実にするためのツール。製品企画活動，製造に入ってからの初期流動段階の活動も含む。さらに，製品別の中長期の利益目標を先行させ，これを実現させる効果的な手段として原価低減を位置づける。
ツール	VEを中心としている。コスト・テーブルの作成も重要である。	・同左。	・同左 ・VE，コスト・テーブルの作成，ベンチマーキング，QFD（品質機能展開）など，目標利益を達成するためには，あらゆる手段を活用する。
関連組織	**設計担当者中心**である。原価企画を支援する関連部門はほとんど出来上がっていない。	組織の中心は，設計担当者から関連諸部門に移り，**クロスファンクショナル**な活動の下に有機的に活動するようになってきている。設計担当者主導のツールが，同じツールでも関連組織の原価低減活動として用いられるようになっていった。	組織の中心は，関連組織内部だけでなく，**外部**との関係も重要視される。サイマルテニアス・エンジニアリングはさらに詳細に検討されるようになる。
戦略性	コスト優位と差別化の同時達成。	同左。 ・グローバル化の認識度は低い。	・同左 ・グローバル化によって**戦略性**が一段と高まった。

出典：田坂（2008）を一部修正して筆者作成。

前半ではプロダクト・アウト志向がみられたが，後半からは源流管理や顧客志向など明らかにマーケット・イン志向が原価企画のコア・コンセプトになったとしている。

吉田（2003）の研究は，次の2点ですぐれている。第1に，年代区分をこれまでの先行研究よりも詳細にまとめている。第2に，原価企画の目的の変化に着目して記述している点である。特に1990年代の前半と後半の相違点を原価企画の目的の拡大に照らして指摘している。

一方，吉田（2003）に課題が残された。それは，原価企画の目的だけでなく，年代ごとにも切ったことで時系列での整理はできるが，原価企画の本質論から分類することが困難になっている点である。年代別整理と研究ステージの関係が必ずしも一致するとは限らないからである。

2.3 原価企画の発展段階における3つのステージ

原価企画の発展段階に関する先行研究について，長所と短所を整理してきた。原価企画における研究ステージを，前述した4つのメルクマール（目的，ツール，関連組織および戦略性の視点）で分類すると，次のような3つの発展ステージとなる。

第1段階：管理工学的ステージ
第2段階：原価低減活動ステージ
第3段階：戦略的コストマネジメント・ステージ

これらのステージをまとめると表2となる。以下，各ステージについて検討する。

2.3.1 第1段階：管理工学的ステージ

管理工学的ステージとは，設計担当技術者が中心となって，原価企画のツール作りを行った時代の原価企画である。このステージは，前述

した田中（雅）の発展段階に従えば第1段階と第2段階，櫻井（2001）の第1段階に相当する。

管理工学的ステージが支配的であった時期は，原価企画が生まれた1963年から1980年代前半である。このステージからの研究は，まずはトヨタの実務家による論文から始まり，1970年代後半から実務界で先行して行われていた内容を研究者が体系的に整理していくまでの段階といえよう。管理工学的ステージの特徴をまとめると次のとおりである。

① 目的：原価企画は，部品原価の原価低減のためのツールである。また，中長期計画での原価低減課題を想定しているとはいえない。原価企画の対象はかなり限定的である。
② ツール：VEを中心としているが，コスト・テーブルの研究も増え始めてきている。
③ 関連組織：設計担当者中心である。原価企画を支援する関連部門はほとんどできあがっていない。
④ 戦略性：コスト優位と品質の同時達成をめざしているが，コスト優位がより重視されている。

原価企画は1973年のオイルショック以降，競争の激化を反映して，加工組立型産業に急速に普及し始めた（櫻井，1988）。実務家のケース研究による原価企画は，豊住・福島（1970）によると，当時は，技術部主導で原価企画が進められていた。さらに，水野（1970）および田中（雅）（1977；1979など）の研究によって，VE，コスト・テーブルといったツールのインフラが整い始めていた。しかし，このようなツールは，設計担当者が部品原価を低減するためのものとして活用されていた。管理工学的ステージは，設計担当者主導によるツール作りの時代と結論づけることができる。また，水野（1970）は，競合する他社製品の車との機能別原価構成表を示している。したがって，戦略性については，コスト優位と品質の同時達成をこの時代から考えていたと推察される。ただし，より重視されたのはコスト優位である。

2.3.2 第2段階：原価低減活動ステージ

1970年後半から，田中（雅）（1977など）や実務家の他にも，管理会計の研究者が原価企画の論文を発表する機会が徐々に増え始める。この頃から，原価企画の第2段階である原価低減活動ステージが登場する。このステージは，技術者中心のツール作りをベースにしていた第1段階が，さらなる広がりをみせたもので，前述した田中（雅）（1995）が，「狭義の原価企画」という第3段階に相当する。原価低減活動ステージを意図した論文は，1970年代後半から芽生えているが，1980年代前半はそれほど多くなく，1988年から徐々に増え始め，1990年代なかばまで機能している。このステージの特徴は次のようになる。

① 目的：原価企画は，原価低減のためのツールである。ただし，新製品等の原価低減により，結果としてその製品の利益目標を確保する。マーケット・イン志向が指摘されるようになっている。さらに，中長期計画での原価低減課題を想定している。
② ツール：VEを中心としている。コスト・テーブルの作成も重要である。管理工学的ステージにコンカレント・エンジニアリングが新たに加わった。
③ 関連組織：組織の中心は，設計担当者から関連諸部門に移り，コンカレント・エンジニアリングの下に有機的に活動するようになってきている。設計担当者主導のツールが，同じツールでも関連組織の原価低減活動として用いられるようになっていった。
④ 戦略性：コスト優位とコスト以外の差別化の同時達成におかれている。

牧戸（1979）は，原価企画研究が許容原価と

成行き原価による目標原価設定活動であることを指摘した。これは，原価企画には原価低減のための固有の計算構造が内在することを指摘したといえる。

田中（雅）は，VEと原価企画の関係(1985)，原価目標の設定・細分割付および原価見積についての意義・考え方・方法(1987)，コスト・テーブルの分類・作成方法・活用方法(1986)といったテーマを詳細に説明している。さらに，組織の中心は，設計担当者から関連諸部門に広がり，コンカレント・エンジニアリングの下に有機的に活動するようになってきている(1995)。このように捉えると，田中（雅）の研究は，管理工学的ステージから原価低減活動ステージへと発展していると考えられる。

櫻井(1988)は，原価企画について「製品の企画・設計の段階から生産に至るまで，製造，技術，開発，販売，経理など企業の関連部署の総意を結集して，総合的原価引き下げを意図した原価管理の手法である」(1988)と定義づけた。ここでは，原価企画における関連組織の重要性を認識し，設計部門だけでなくほとんどの部門が原価企画に関わることを明記している。

近藤(1990)は，自動車メーカーのケース研究を通じて，プロダクト・アウト志向である標準原価管理とマーケット・イン，すなわち市場志向による原価企画とがまったく異なるものである点を明確にした。

ツールの充実として，1989年の雑誌「経営実務」の特集で，岩橋(1989)が久保田鉄工株式会社を，西口(1989)がデンソー（旧社名は日本電装）を，新井(1989)がNEC（旧社名は日本電気）を紹介している。岩橋(1989)は，コスト・テーブルの予測精度が，構想段階から量産段階に至るまでに約12％から約1.5％の誤差に低下することを具体的に示した。ここでは，品質予測能力を高めることと，品質上の不具合点を可能な限り早期に発見する開発上の体質を整備することが大切と述べている。西口(1989)によれば，デンソーは，コスト・テーブルを加工業種別に38種類ももっているという。これによって，加工方法ごとに下請け業者を瞬時に選択することが可能になっている。新井(1989)は原価企画とVEの関連性を明らかにし，設計担当者の業績評価を明らかにした。

なお，原価企画と戦略性との関連は，このステージでは明確な段階に至っていない。コスト優位だけでなく品質の差別化にも焦点が当てられていたことは明らかであろう。

2.3.3 第3段階：戦略的コストマネジメント・ステージ

このステージは，前述した田中（雅）(1995)の発展段階のうち，第4段階と第5段階を統合したものである。1990年代では，原価企画の対象プロセスのなかに商品企画など利益の作り込みが加わってきたことから，1990年代の原価企画研究の傾向は，原価企画の本質を原価低減活動ステージから利益の作り込みおよび利益の創造も内包したステージへと発展していく。もはや原価企画の目的は原価低減だけではなく，戦略性が加わってきた。このような拡大を田中（雅）は，「広義の原価企画」(1995)と述べた。筆者は，これを「原価低減活動ステージ」から「戦略的コストマネジメント・ステージ」への発展と捉え，このステージへのシフトは，1990年代前半から始まっていると考える。

筆者が考える戦略的コストマネジメント・ステージの特徴は次のとおりである。4つのメルクマール，つまり目的，ツール，関連組織および戦略性に照らして述べる。

① 目的：原価企画は，原価低減だけでなく，利益の作り込みを確実にするためのツールであることを強調している。また，このステージでは，製品企画活動，製造に入ってからの初期流動段階の活動も含む。さらに，製品別の中長期の利益目標を先行させ，これを実現させる効果的な手段として原価低減を位置づける。

② ツール：VE，コスト・テーブルの作成，ベンチマーキング，QFD（品質機能展開）

など，目標利益を達成するためには，あらゆる手段を活用する。コンカレント・エンジニアリングも行われる。
③　関連組織：組織の中心は，関連諸部門であり，クロスファンクショナルな分業体制の下に有機的に活動するようになってきている。関連組織内部だけでなく，外部との関係も重要視される。クロスファンクショナルな分業体制はさらに詳細に検討されるようになる。
④　戦略性：コスト優位と差別化の同時達成におかれている。さらに，原価企画のグローバル化が本格化し，海外拠点との共同開発・設計をどう行うかが重要視されるようになる。

戦略的コストマネジメント・ステージが，原価低減活動ステージと異なる点は，少なくとも3点ある。それは，原価企画対象（目的，目標原価）の拡大，関連組織の充実および戦略性の考え方の3点である。

第1に，原価企画の目的が拡大している。原価企画の目的は，原価低減だけでなく，利益の作り込みを確実にするためのツールであることが強調されるようになった。また，目標原価の対象範囲も，製造原価からライフサイクル・コストへと拡大している（田中（雅），1995）。

第2に，関連組織活動の充実である。たとえば，谷（1994；1995）は，原価低減活動をより掘り下げる意味で，原価企画の組織的側面をサイマルテニアス・エンジニアリングから説明しようとしている。サイマルテニアス・エンジニアリングは，クロスファンクショナルな活動であり，コンカレント・エンジニアリングともいわれる。この目的は，リードタイムの短縮にある。1990年以前の欧米式の開発はリレー方式とかバトンタッチ方式といわれ，部門間に高い壁が築かれていて，部門間の協調はあまりなされていなかった。これに対して，わが国では部門間横断的な開発を行うことで，①リードタイムの短縮化が図れる，②短縮するために知識創造が行われ，部門間ないし全社的に知識を共有することが可能となる，といった利点がある。それゆえ，わが国の開発は顧客ニーズに対応した製品開発が行いやすくなり，原価低減だけでなく利益拡大が期待できる。

第3に，戦略性の考え方の変化である。1991年の櫻井論文以降，原価企画研究の第3ステージともいえる戦略的コストマネジメント・ステージの文献が決定づけられた。櫻井（1991）では，グローバリゼーション，高度情報化，多品種少量生産（消費者ニーズの多様化）を柱として，CIM環境下での管理会計システムを構築する必要性を考察した。原価企画も，CIM環境の下での管理会計システムの1つとして位置づけられた。1991年の櫻井論文以降，原価企画の対象プロセスのなかに商品企画など利益の作り込みが加わってきた。このことから，文献研究の傾向は，原価企画の本質を原価低減活動ステージから利益の作り込みも内包したステージへと発展していく。さらに，櫻井（1994）は，原価企画に戦略的コスト・マネジメント機能があるとした。原価企画における中長期計画との連動と市場志向性に着目したのである。その結果，櫻井（2004）は，「原価企画は原価低減と利益管理を図る，戦略的コスト・マネジメントの手法」であるとした。

加えて，櫻井（1991）によってグローバル化の視点が加えられた。1990年代に入ると，価格競争が激化し，海外で部品を現地調達する企業が増加したからである。グローバル化の視点は，第2段階の原価低減ステージにはみられなかった。ここが，第2段階と第3段階を区別する重視すべき視点である。こうした一連の研究によって，「原価低減活動ステージ」から「戦略的コストマネジメント・ステージ」への発展が確立した。

3．変革期を迎えている原価企画—始まっている第4段階への移行—

以上のことから，原価企画は，発展段階としては第3段階とも呼べる戦略的コストマネジメント・ステージへと発展してきた。「原価企画はたんなる原価管理の一技法を超えて，その主戦場となる製品開発そのもの」（伊藤，2018a）とも指摘していることも頷けよう。

しかし，昨今，原価企画のあり方が少しずつ変化している。製造業中心に展開されていた原価企画の適用範囲が，非製造業にも進展している。また，原価企画の開始時期がより源流に遡っていることが指摘されている。さらにはAI/IoTといった技術進歩によって，ものづくりの方法が根幹から覆されるかもしれないという社会現象が萌芽してきている。とりわけ原価企画を語るリーダ的業界である自動車業界は，こうした技術進歩による環境変化によって，大きなインパクトがもたらされている。原価企画の進め方自体は，大きな変革期に指しかかっている。これらの変容について，前述した4つのメルクマール（目的，ツール，関連組織，戦略性）の観点から検討していく。

3.1 目的の変容

ここでは，原価企画の対象とされていた「新製品・新サービス」の範囲が拡張している点を検討する。すなわち，原価企画が従来想定していた目的が変化しているのである。第1に，原価企画の対象が個別製品から製品群へ拡張している。第2に，原価企画の開始時期が従前より源流へ遡り，要素技術開発段階や，事業構想段階へ遡っている。第3に，原価企画の適用業界が製造業から非製造業であるサービス業へと拡張している。

3.1.1 原価企画の対象が個別製品から製品群へ拡張

原価企画は，個別製品の原価企画から製品群（またはサービス群）への原価企画へ進化している状況がある（田中（雅），2019；梶原，2018）。例えばマツダは，一括企画という方式で車種を一括して，個別製品ではなく製品群の原価企画を行っている。ある期間に開発されるすべての製品の全体最適化を図ろうとする壮大な仕組みである（梶原，2018）。

3.1.2 原価企画の開始時期が従前より源流へシフト

原価企画の開始時期が要素技術開発段階や，事業構想段階へ遡っている（田中（雅），2019）。企業はこれらの段階ですでに採算を検討しているのである。先行開発のめどが立てば，商品企画や製品企画の前にある「事業構想段階での企画」の段階で採算を検討する企業が増えている。これは従来の原価企画が想定していた「商品企画段階」ないし「製品企画段階」よりも前の段階である。これを原価企画の拡張と捉えるのか。それともこれらは，概算計算はできても正確な原価見積はできないし，顧客との接点が希薄であるから原価企画の対象ではないと捉えるのか。議論が分かれるところである。

3.1.3 原価企画の適用業界が製造業からサービス業へと拡張

原価企画は製造業（とくに加工組立型産業）を中心に進展し，数多くの企業に導入されてきた。しかし，産業全体に製造業が占める割合は低下し，非製造業の割合が増加している。さらに現在，サービス業への原価企画適用状況（サービス原価企画）が，管理会計上，トピックの1つとなっており，現在進行形である。図1を参照されたい。原価企画の全体像を考察した研究，医療サービス，ホテル業，鉄道業，ソフトウエア開発，レストラン経営，ウエディング企画，銀行業，在宅サービス，公共サービス等の原価企画適用状況が明らかにされている。

図1　サービス業への原価企画適用のフレームワーク

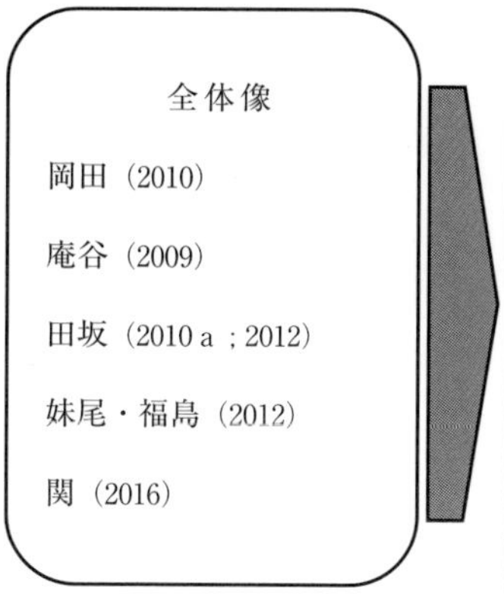

全体像		
岡田（2010） 庵谷（2009） 田坂（2010a；2012） 妹尾・福島（2012） 関（2016）	医療	荒井（2010）
	ホテル	庵谷（2009）
	鉄道	庵谷（2009）
	IT，ソフトウエア	櫻井（1994）
	レストラン	近藤（2017）
	ウエディング（ホテル）	田坂（2015）
	銀行	谷守・田坂（2013）
	在宅サービス	秋山（2017）
	公共サービス	目時（2010）

出所：筆者作成。

3.2　ツールの変容

IoT（Internet of Thinkings）の進歩，AI（artificial intelligence：人工機能）の進歩，3Dプリンティングの進化によるモノ作り方法の根本が急変している。IoTとは，パソコンやスマートフォン，タブレットだけでなく，身の回りのあらゆるモノに取り付けられたセンサーによって，人手を介することなくインターネットを通じて相互にやり取りする仕組みである。自動車がIoTで繋がっていけば交通渋滞や交通事故などの問題が激減することが期待される。

こうしたIoTの実権を握っているのは自動車会社ではない。グーグル，アマゾン・ドットコム，マイクロソフトなどのIT企業である。ということは次世代自動車の開発で実験を握るのは，トヨタやホンダのような伝統的企業ではなく，こうしたIT企業かもしれない。

そのような状況下では，自動車業界は勢力図再編が起こる可能性が高い。なぜなら，アセンブラーとサプライヤーの共同関係が変化するからである（伊藤，2018）。また，アセンブラーは，ピラミッドの頂点に立てなくなるかもしれない。頂点にいるのはIT系メーカーの可能性が高い（伊藤，2018a）。サプライヤーは淘汰され，差別化できる技術を有している企業以外は生き残れないかもしれない。クラウドソーシングの普及もサプライヤーの淘汰に拍車をかけることになる。

3Dプリンティングの進展によって，生産リードタイムが短縮化するが，技術の優位性は希薄化し，製品開発力を競う優位性は低下する（D'Aveni, 2018）。原価企画の原価低減効果を高めていたツールといえばVEであり，品質を作り込むツールといえばQFDであり，競合他社との比較をするにはベンチマーキングであった。しかし，VE，QFDおよびベンチマーキングだけで，原価企画が十分な原価低減効果をもたらすかは未知数といえる。

3.3　関連組織の変容

原価企画には，控除法をベースとした目標利益の確保と目標原価の算定を検討するという固有の計算構造（目標売価－目標利益＝目標原価）がある。しかし，今日では，単なる計算構造を超えて，顧客価値提案を内包する形で，すなわち定量化が困難なインタンジブルズの要素も考慮しなければならない。組織資産，情報資産および人的資産も考慮しながら原価企画は進められているため，目標原価を算定し，かつ達成することはより複雑さが増してきている。

表3 第3段階と第4段階の比較

	第3段階 戦略的コストマネジメント・ステージ	第4段階 変革期を迎えている原価企画ステージ
適用時期	1990年代前半～現在	2000年代前半～現在
目的	原価企画は，**原価低減**だけでなく，**利益の作り込み**を確実にするためのツール。製品別の中長期（戦略）の利益目標を先行させ，これを実現させる効果的な手段として原価低減を位置づける。	・同左の高度化。 ・対象を個別製品から**製品群・サービス群へ拡大** ・価値提案のタイプに合わせて事業を実行
ツール	VE，コスト・テーブルの作成，ベンチマーキング，QFD（品質機能展開），コンカレント・エンジニアリングなど，目標利益を達成するためには，あらゆる手段を活用する。	・同左の高度化 ・VE以外のツール ・3Dプリンティングの進化（IoTの発展）
関連組織	組織の中心は，関連組織内部だけでなく，外部との関係も重要視される。コンカレント・エンジニアリングはさらに詳細に検討されるようになる。	・同左 ・**要素技術開発** ・クラウドソーシング ・インタンジブルズの活用
戦略性	・コスト優位と差別化の同時達成。グローバル化の進展による戦略志向の高まり ・コストマネジメントとしての原価企画を戦略的に取り扱う。	・同左 ・戦略の策定と実行のために原価企画を活用する。 ・製造業のサービス化（サービタイゼーション）の進展

出典：筆者作成。

原価企画と財務業績の相関を見いだすのは困難ではあるが，田坂・梅田（2017；2019）では，製造業と非製造業に分けて原価企画諸活動の成果への影響をインタンジブルズの要因を含めて検討している。

3.4 戦略性の変容

製造業としてモノ作りに注力しながら，同時に，サービス事業の強化を図り，新たな収益化モデルが構築されつつある。これはサービタイゼーション（servitization：製造業のサービス化またはサービス製造業）といわれており，IBMやGEは本業よりも，サービス業の売上高割合が大きく上回るようになった（松崎，2014）。この現象がさらに浸透すると，企業は原価低減が戦略ではなく，むしろ売り方（マーケティング）の方が戦略的に重要になる（2019，日経新聞6月12日）。

原価企画は，企業業績にプラスをもたらす原動力としての手法にならなくなる可能性が出てきたといえそうである。戦略志向（＝戦略的コストマネジメントアプローチ）だけではなく，戦略そのものをどうするかが問われる時代に突入している。戦略性のレベルが深まり，変化してきたといえる。

原価企画の海外展開された場合，現地日本企業は原価企画をどのように展開しているのかについて，新しい研究が進んでいる。

3.5 第4ステージの内容

以上，4つのメルクマール（目的，ツール，関連組織，戦略性）に照らしながら今日の環境変化と原価企画の関係を検討してみた。その結果，第3段階にあった原価企画は，どうやら変第4段階に移行しつつあることは明らかである。表3は，第3段階から第4段階の原価企画に移行する項目を比較・検討したものである。

4．知的資産経営と原価企画の関係

本節では，知的資産経営の意義と原価企画の関係性を検討する。その際，両者のマッチングを行うために，顧客価値提案（戦略テーマ）の概念を用いながら検討を行う。

表4 価値提案のタイプと原価企画の適合性

価値提案タイプ	主な内容	原価企画の適合性
(1) 最低のトータルコストを顧客に提案	安定した品質で，タイムリーに，低価格で，製品やサービスを提供する。	・コストリーダーシップ戦略をとる企業に適合できる。 ・新興国向け製品開発に適用可能。
(2) 製品リーダーシップの提案	既存の性能の限界を非常に望ましいレベルに拡大する製品やサービスを提供する。	・先進国向け製品開発に適用可能。
(3) 完全な顧客ソリューションの提案	顧客に最高のトータル・ソリューションを提供する。	・サービス業にも適合できる。多種多様な業界に適用可能。
(4) システムロックインの提案	・エンドユーザーに高いスイッチングコストを課す。 ・補完的生産者に付加価値を提供できる。	・原価企画との適合性は低い（収穫逓増産業）。

出典：Kaplan & Norton（2004）に基づきながら筆者作成。

4.1 知的資産経営とは

フォンブラン（Fombrun）によれば，知的資産はインタンジブルズの構成要素である（Fombrun, 2003, 翻訳2005）。他方，インタンジブルズは，知的資産とレピュテーション関連資産と解される（櫻井，2014c）。本論文では，インタンジブルズの意味で知的資産という言葉を用い，知的資産を活用した経営を「知的資産経営」と称する。

4.2 顧客価値提案型の知的資産経営と原価企画

「顧客価値提案」とは，顧客価値提案型経営と読み替えてみるとわかりやすい。顧客価値提案型経営という用語自体は造語であるが，これは顧客を満足させながら企業が利益を得る仕組みを作る経営のことをいう。前述したように，製造業のサービス化が進展し，IoTの飛躍的進歩する環境の下で，インタンジブルズ経済に対応しながら経営をいかに行うのかを検討することが，今日の企業マネジメントの課題である。本論文では，このような内容を顧客価値提案型の知的資産経営と称することとする。

Kaplan & Norton（2004）は，価値提案のタイプを4類型にして提示している。彼らは，今日の新たな環境変化に対して，顧客価値提案という新しい視点を提唱したと捉えることができる。はたして，価値提案のタイプと原価企画と適合するだろうか。これを整理したのが表4である。

（1）は低コスト化戦略の提案である。最先端の技術を競う原価企画ではなく，低コストで闘うことができる市場での話である。たとえば，新興国市場が該当する。新興国市場での原価企画では，品質よりも価格の低さが重要視されるからである。

次に（2）は，製品リーダーシップ戦略ないし差別化戦略の提案である。先進国市場で，最先端の技術で原価企画が行われる話といえる。AI/IoTといった技術進歩を踏まえた上で，これからの原価企画の展開に適合した価値提案といえる。

（3）は，顧客関係重視戦略である。顧客ニーズに合わせた柔軟な経営体制が望まれるが，これはまさにサービス原価企画の進展に該当しそうである。

（4）は，ロックイン戦略である。エンドユーザーには高いスイッチングコストが課されるが，これは主として収穫逓増の業界に適合する。そのため，原価低減活動を主とする原価企画の展開に適合する余地は低い。

変革期を迎えている原価企画の第4段階は，現在進行形のステージである。混沌としている部分が多いが，第4段階を「顧客価値提案型の知的資産経営の遂行」と，本論文では呼称することとする。顧客価値提案型の知的資産経営を行っていくことにあたり，原価企画との関係を考えると，原価企画を展開しながら原価低減効

果を発揮し，前述した価値提案のタイプを選択し，企業業績に繋がることが望ましい。では，価値提案型の知的資産経営の下で，変革期にある原価企画を成功裏に遂行することは果たして可能だろうか。

5．ディスカッション：変革期にある原価企画の展望

本節では，変革期にある原価企画が，次世代（第4段階の原価企画）に移行するための留意点について検討する。次世代に引き継げること，引き継げないこと，新しい論点等を検討する。

5.1 原価企画の本質は残せるか

原価企画にとって欠かせないもの，これを原価企画の本質と捉えるとき，次の4つが該当する。その4つとは源流管理の発想，控除法の発想（市場志向性の発想），原価低減効果活動であること，戦略性があること，である（櫻井，2015b）。これらの論点が第4段階ではどうなるだろうか。

（1）源流管理はさらに上流に移行することが予想される。前述した事業構想段階での企画，すなわち事業企画を原価企画に含めて良いかという論点である。競争が激化すれば，源流管理がより追求されることは当然である。源流に遡ればそれだけ厳しい闘いが予想されるが，採算を無視した事業企画はあるまい。しかし，事業構想段階の概算計算はできても正確な原価見積はできないし，顧客との接点が希薄であるから原価企画の対象ではないと捉えることもできる。議論が分かれるところである。源流管理の考え方はより議論の重要性が増しそうである。

（2）控除法の発想～マーケット・イン志向は依然として重要であり，第4段階においても引き継がれるべきであり，決してなくならないと考えている。目標売価から目標利益を控除し

表5　原価企画の本質の移行可能性

原価企画の本質的論点	移行可能性
(1) 源流管理の発想	さらに上流へ移行する
(2) 控除法の発想～マーケット・イン志向	移行しなければならない
(3) 原価低減活動の効果	製品によっては厳しい
(4) 戦略性	より強まる

出典：筆者作成。

て目標原価を算定するという発想は，日本独特の発想である。環境変化のなかでも必ず引き継がれていくと予想する。

（3）原価低減活動の効果は，製品によってはかなり厳しいことが予想される。とりわけ自動車産業での原価企画は，AIやIoTなどの進歩が最も反映される業界であるため，サプライヤーも含めて厳しい闘いとなるだろう。一方で，新興国向けの原価企画は，低コスト化戦略であるため，まだ当分の間，機能するのではないだろうか。

（4）戦略性はより重要度が増すと予想される。ただし，戦略志向（＝戦略的コストマネジメントアプローチ）だけではなく，戦略そのものをどうするかが問われる時代に突入していくだろう。

5.2 原価企画の特徴は残せるか

サプライヤーは淘汰され，差別化できる技術を有している企業以外は生き残れないかもしれない。サプライヤーは，得意分野にしがみついていないで，捨てる勇気をもち，新規分野を開拓すべきであろう。

サイマルテニアス・エンジニアリングは，クロスファンクショナルな活動であり，ラグビー方式とも言われる。この発想は残せるし，残さなければならない。

VEは原価企画のお家芸ともいうべきツールで，残さなければならないツールである。しかし，VEは唯一の原価低減ツールというわけではない。新しいツールの開発があるかもしれない。QFDやベンチマーキングについても進化

が必要である。なお，コスト・テーブルは，データベース化がより進展するであろう。

5.3 製造小売業の原価企画の進展

製造小売業（Specialty store retailer of Private label Apparel：SPA）と原価企画の相性が高まることが予想される（伊藤，2018a）。日本だとユニクロが代表例である。商品企画から製造・販売まで一気に手がけることで，それまえのアパレル業界の「売り逃しを恐れての大量仕入」から流行に合わせて臨機応変に生産を調整することを可能にすることで高収益を維持できるビジネスモデルを作り上げた。これは，「サービス業の製造業化」という現象である。新しい原価企画の領域として進展する可能性がある（伊藤，2018a，b）。

しかし，従来の製造業で想定していた原価企画とは，違うタイプの原価企画になっていく可能性がある。それを原価企画と呼んでいいのかという議論が登場するかもしれない。

5.4 原価企画のグローバル化の進展

日本の自動車関連メーカーが海外にマーケットを求めてグローバル化をはじめ，北米と南米，ヨーロッパ，タイやインドネシアなどの新興国に進出を果たしてきた。しかしながら，現在の自動車メーカーのグローバル戦略は岐路に立たされているとも言ってよい。なぜなら日本の人口減少にともなう自動車市場の規模縮小が起こっている一方で，中国，インド，ASEAN諸国の経済成長に伴う新興国における自動車市場の規模増大へいかに対応するかという課題を解決しなければならないからである。

筆者は，マレーシア進出日本企業の一連の研究を実施した（田坂・小酒井，2017；2018；小酒井・田坂，2018）。原価企画が現地化していくプロセスについて，アセンブリメーカーとサプライヤーの関係性を踏まえて検討している。

5.5 置き去りにされていた論点の復活

変革期にある原価企画の革新性が薄れていく可能性は否定できない。その結果，原価企画のコスト・マネジメントとしての相対的地位は低下するかもしれない。しかし，その分，これまで置き去りにされていた論点が見直されていく可能性がある。たとえば原価企画で作り込まれた目標原価と標準原価の関係はいかなるものか。目標原価は標準原価に理論的に相当しているのだろうか。原価企画と原価維持の関係性を見直す良い機会になるかもしれない。

AI/IoTといった技術進歩は，ライフサイクル・コストの算定に進歩をもたらす可能性がある。ライフサイクル・コスティングによって目標原価を設定することで，原価企画とライフサイクル・コスティングとの関係が再確認される可能性がある。資材の調達から最終消費者の製品使用，廃棄までを踏まえたライフサイクル全体における製品の環境負荷低減に取り組むことが，これまで以上に実現可能になると思われる。環境配慮型製品開発と原価企画の関係がより見直されるだろう。

一品生産である個別受注製品の原価企画についても，より一歩議論が深まってよい。一品生産を中心とした建設業界においても原価企画が適用されている事例（宮本，2004；木下，2006；田坂，2010a；2010b；澁谷，2017）が確認されている。

原価企画を見直す変革期にあたり，理論と管理会計実務の乖離を見直していくと，置き去りにされている論点の発掘がなされるよい契機になると考えられる。

6．まとめ

本論文の目的は，原価企画活動の発展段階をどのように捉えることができるのかについて，1960年代から現在そしてこれからの新しい環

境変化を踏まえて，原価企画の変容と展望を検討することにあった。第2節では，原価企画の発展段階をめぐる諸説と3つのステージについて述べた。第3節では，今日の環境変化のなかで変革期を迎えている原価企画の変化について述べた。第4節では，知的資産経営のなかで顧客価値提案のタイプを検討した。第5節では，変革期にある原価企画の展望について考察した。

現在の原価企画が，第4ステージにあることは確かである。しかし，このステージは原価企画の変革期に位置づけられる可能性が高く，まだ形がみえておらず，その進展は現在進行形である。見解が分かれる論点であるが，本論文では，原価企画の第4ステージを「顧客価値提案型の知的資産経営の遂行」と呼称した。原価企画の議論の高まりを待ちたい。

謝辞

本論文は，日本知的資産経営学会第2回西日本部会（2019年5月25日，於：神戸倶楽部）の統一論題報告に基づき，加筆修正したものである。大会報告会場では，司会をしていただいた古賀智敏会長，質疑において質問をいただいた池田公司先生（甲南大学），島永和幸先生（神戸学院大学），桃俊先生（明治大学）から貴重なご意見を賜りました。心より感謝申し上げます。

注

(1) 原価企画の起源については諸説がある。原価企画という用語は，田中（雅）(1995) によると，トヨタ自動車で用いられ始めた用語であり，トヨタ自動車における原価管理の3本柱（原価企画，原価維持，原価改善）として1963年に位置づけられたのが始まりとされている（豊住・福島，1970）。1959年のパブリカの開発段階に市場志向の価格・原価計算の枠組みが形成されたことをもって原価企画の起源であるとしている論者（田中（隆），1994）もいる。丸田（2011）によれば，1950年代には松下電器（現・パナソニック）など家電産業その他でも原価企画が行われていたという。ただし，当時は原価企画という名称もVE/VAが使われていた形跡も見当たらない（丸田，2011，pp.55-56）。一方，小林（2018）は，1937年の豊田喜一郎メモが起点であるとしている。結局は，何をもって原価企画と呼ぶべきかで起源の見解が分かれることになる。

引用文献

D'Aveni, R. (2018)"The 3-D Printing Playbook," HBR, August.（倉田幸信訳「大量・多品種・複雑化を実現 3Dプリンティングの進化がものづくりの常識を覆す」『Diamond ハーバード・ビジネス・レビュー』2019年4月号, pp.100-112）

Fombrun, Charles J. and Cees B. M. van Riel (2003) *Fame & Fortune: How Successful Companies Build Winning Reputations*, Prentice Hall.（花堂靖仁監訳，電通レピュテーション・プロジェクトチーム訳『コーポレート・レピュテーション』東洋経済新報社, pp.39-42, 2005年）

Kaplan, R. S. and D. P. Norton (2004) *Strategy Maps*, Harvard Business School Press.（櫻井通晴・伊藤和憲・長谷川惠一監訳『戦略マップーバランスト・スコアカードの新・戦略実行フレームワーク』ランダムハウス講談社，2005年）

秋山盛 (2017)「在宅サービス介護事業におけるサービス・リエンジニアリング―デーサービスが目指すべき方向性の探究―」『原価計算研究』41(1): 51-63頁。

荒井耕 (2010)「日本医療界における診療プロトコル開発活動を通じた医療サービス原価企画の登場―その特質と支援ツール・仕組みの現状―」『原価計算研究』Vol.34, No.1, 56-65頁。

新井秀夫 (1989)「当社（日本電気）の生産形態別原価管理とVE活動」『経営実務』第426号, 10月号, 1-9頁。

伊藤嘉博 (2018a)「経営環境の変化が促進する原価企画の変革―IoT，サービスタイゼーションへの潮流のなかで―」『早稲田商学』第453号, 3-26頁。

―― (2018b)「製造業のサービス化を支援する管理会計システムの展望」『産業經理』Vol.78, No.3, 4-17頁。

岩橋總夫 (1989)「開発設計段階における原価企画活動とコストテーブル」『経営実務』10月号, 10-19頁。

岩淵吉秀 (1995)「戦略的コスト・マネジメントとしての原価企画―ビジネス・プロセス・リエンジニアリングの観点から」『原価計算研究』第19巻第1号, 21-30頁。

庵谷治男 (2009)「サービス業におけるコスト・マネジメントの限界と原価企画の適用可能性」『商学研究紀要』第68号, 207-218頁。

岡田幸彦 (2010)「サービス原価企画への役割期待―わが国サービス分野のための研究教育に求められる新たな知の体系の構築に向けて―」『會計』第177巻1月号, 63-78頁。

梶原武久 (2018)「マスカスタマイゼーションと戦略的コスト・マネジメント」日本原価計算研究学会統

一論題「ビジネスモデル構築におけるリスクアセスメントと会計情報」第2報告（於：早稲田大学）。
木下和久（2006）「建設業における原価企画の展開—希望社における原価削減事例調査を中心として—」『経済論叢』（京都大学）第178巻第4号，101-116頁。
神戸大学管理会計研究会（1992）「原価企画の実態調査（1）〜（3）」『企業会計』第44巻第5〜7号，86-91，74-79，84-89頁，5月，6月，7月。
古賀智敏（2012）『知的資産の会計—マネジメントと測定・開示（改訂増補版）』千倉書房。
小酒井正和・田坂公（2018）「マレーシア進出日本企業における原価企画に関連する情報資本構築」『ビジネス・マネジメント研究』第14号，pp.1-23，2018年9月。
小林英幸（2018）「エンジニアの生産性を最大化する原価企画の運用—トヨタ自動車のケースに基づく一考察」『早稲田商学』第453号，27-57頁。
近藤大輔（2017）「レストランサービスの原価企画—株式会社ぶどうの木のレストラン事業部の考察—」『メルコ管理会計研究』9(2)：35-44頁。
近藤恭正（1990）「原価管理の変貌—技術志向パラダイムから市場志向パラダイムへ—」『會計』第137巻第4号，64-78頁。
櫻井通晴（1988）「ハイテク環境下の原価企画（目標原価）の有効性」『企業会計』第40巻第5号。
——（1991）「企業会計の変化と管理会計」『會計』第139巻第5号，1-18頁。
——（1992）「わが国管理会計システムの実態—CIM企業の実態調査分析—」『専修経営学論集』1992年10月，109-175頁。
——（1994）「原価企画の管理会計上の意義(1)(2)」『税経通信』1994年3，4月，14-23頁（3月号），2-17頁（4月号）。
——（2001）「企業環境の変化とコスト・マネジメント」『會計』第159巻第1号，1-12頁。
——（2004）『管理会計第3版』同文舘出版，289-326頁。
——（2014a）『原価計算』同文舘出版，71頁。
——（2014b）「現代の原価理論から見た『原価計算基準』の問題点—経済モデル，会計基準，原価理論の変化」『企業会計』第66巻第3号，377-386頁。
——（2014c）「インタンジブルズは知的資産と同義か，違うとすれば何が違うのか」『専修マネジメント・ジャーナル』Vol.4，No.2，13-22頁。
——（2015a）「IFRSが原価計算の理論と実務に及ぼす影響—連単分離と原価計算実務変更の必要性」『企業会計』第67巻第2号，238-247頁。
——（2015b）『管理会計　第六版』同文舘出版，291-327頁。
澁谷弘利（2017）『受注生産勝利への方程式—予実原価管理とコスト破壊—改訂第2版』ダイヤモンド社。
関洋平（2016）「原価企画の成立条件：サービス業での取り組みに基づく再検討」『原価計算研究』40(2)：112-124頁。
妹尾剛好・福島一矩（2012）「日本企業における原価企画の探索的研究：製造業と比較したサービス業の実態」『原価計算研究』36(1)：45-57頁。
田坂公（2008）『欧米とわが国の原価企画研究』専修大学出版局。
——（2010a）「原価企画の新展開と課題—サービス業への適用可能性」『商学研究』（久留米大学）第16巻第2号，211-231頁。
——（2010b）「原価企画の本質と適用可能性—（株）フジタのケースを中心として—」『企業会計』Vol.62，No.11，1644-1671頁。
——（2012）「サービス業における戦略的コスト・マネジメント—原価企画の本質からの考察—」『商学研究（久留米大学）』第17巻第3・4合併号，61-87頁。
——（2015）「サービス産業における原価企画の留意点—ホテル婚礼宴会部門の事例を中心として—」『韓国日本近代学研究』韓国日本近代学会誌，第48輯，389-404頁。
——・小酒井正和（2017）「原価企画現地化の課題は何か—マレーシア進出企業への実態調査」『企業会計』第69巻第5号，678-683頁。
——・小酒井正和（2018）「マレーシア進出日本企業における原価企画の現地化の課題—現地化コンテクストの比較分析—」『韓国日本近代學研究』第59輯，479-500頁。
——・梅田充（2017）「原価企画諸活動の成果への影響—非製造業を含めたアンケート調査に基づいて—」『産業經理』第77巻第2号（2017年7月），166-177頁。
——・梅田充（2019）「原価企画活動に効果的な要因分析—製造業と非製造業との比較を通じて—」『商學論叢』（福岡大学），第63巻第1・2号，189-207頁。
田中隆雄（1994）「原価企画の基本モデル—トヨタの原価企画を参考に—」『會計』145巻6号，771-789頁。
田中雅康（1977）「原価工学におけるターゲット・コストの役割」『東京理科大学経営工学科研究報告書』Vol.1，No.1，58-59頁。
——（1979）「ターゲット・コストによる原価管理」『原価計算』第230号，35-47頁。
——（1985）「新製品開発と原価企画」『企業会計』第37巻第2号，51-58頁。
——（1986）「コスト・テーブルの本質と活用」『原価計算』第281号，35-53頁。
——（1987）「製品開発におけるコスト・エンジニアリングの方法展開」『企業会計』第39巻第2号，23-

25頁。

――（1990）「原価企画から利益企画への発展」『経営実務』第439号，36-39頁。

――（1995）『原価企画の理論と実践』中央経済社。

――（2002）『利益戦略とVE―実践原価企画の進め方』産能大学出版部。

――（2019）「原価企画 1.0から4.0へ」第630回CE研究会講演会（於：ベルサール八重洲，2019年3月15日）。

谷武幸（1994）「原価企画におけるインタラクティブ・コントロール」『国民経済雑誌』Vol.169, No.4, 19-38頁。

――（1995）「コンカレント・エンジニアリング―原価企画を超えて」『企業会計』第47巻6月号。

谷守正行・田坂公（2013）「銀行業への原価企画適用の事例研究：サービス業における原価企画の進展」『産業經理』73(3)：66-76頁。

豊住釜・福島佐千男（1970）「当社（トヨタ）の原価企画体制」『トヨタマネジメント』1970年11月号。

西口二三夫（1989）「当社（デンソー）における原価企画活動の展開」『経営実務』第426号，20-33頁。

日本会計研究学会特別委員会〔小林哲夫委員長〕（1996）『原価企画研究の課題』森山書房。

牧戸孝郎（1979）「最近におけるわが国原価管理実践の傾向」『企業会計』第31巻第3号，430-436頁。

松崎和久（2014）『サービス製造業の時代』税務経理協会。

丸田起大（2011）「原価企画の形成と伝播―1950年代を中心に―」『原価計算研究』Vol.35, No.1, 48-58頁。

水野正治（1970）「製品開発の初期段階における原価企画」『トヨタマネジメント』11月号，8-14頁。

宮本寛爾（2004）「建設業における戦略的原価管理」『企業情報学研究』（大阪学院大学）第4巻第1号，51-62頁。

目時壮浩（2010）「公共サービスにおける目標原価管理：大分県庁におけるフィールドリサーチをもとに」『原価計算研究』34(1)：66-77頁。

諸藤裕美（2011）「総合的利益管理活動としての原価企画の生成プロセス：トヨタの事例を用いて」『原価計算研究』第35巻第1号，59-68頁。

吉田栄介（2003）『持続的競争優位性をもたらす原価企画能力』中央経済社。

学会報告論文

メーカーの持続可能な知的資産経営

田口　貢士
（株式会社魁半導体代表取締役社長）

1. はじめに

　ビジネスは，単なるお金儲けではなく，持っている資産（人的ネットワーク・技術・お金）を活用し，富（満足・幸福）を分配する行為とも考えられる。政治家に成らずとも，行政マンに成らずとも，坊さんに成らずともできる崇高なる行為そのものである。しかもメーカーであれば，人様の資産を右から左へ流すだけの役割ではなく，製品を作り上げる過程で材料の資産価値を何倍にも増し，そしてビジネスによって分配することができる。つまり，メーカーが大きな役割を担っているのは間違いない。

　さて，人的ネットワーク・技術・お金は，資産の形成過程において順番がある。人的ネットワーク（コミュニケーション）によってニーズをキャッチし，技術で形にし，お金でビジネスにする。妄想では確たるニーズをキャッチできなく，技術が無ければ研究開発できなく，また，お金が無ければ製造や販売ができない。ただし，ここで心得ておかなければならないのは，それぞれが補完関係にあることである。お金が無くても，人的ネットワークや技術でも得られるものもある。例えば，服が欲しいのであれば，お金がなくとも，人的ネットワークである人づてで得ることも可能であり，服を作る技術があるのであれば作ってしまえば良い。さらには，技術やお金が足りないのであれば，いかようにして他から調達するのも至極真っ当な手段の一つである。しかしながら，前記した資産形成の順番は時と場合によって前後するケースも，企業が保有しているそれぞれの資産の過不足によって役割の程度が異なるケースもあるが，メーカーとして永続的にビジネスを行うのであれば，前述の順番はおおむね間違ってはいない。そして，その資産形成は竜巻が周囲を巻き込みながら増大していくイメージのように成される（図1）。この竜巻のような資産形成は，幾つもの事象が同時並行に進行し，また時勢や環境によって変化したりもする。つまり，通常は複雑な様相を呈している。しかし解釈が困難になるため，基本的には，それぞれの事象を分解し単純化した上で述べる。

　間違いないのは，これらの資産は使わなければ増えないと言うことである。不思議なのは，使い方を間違えなければ，資産は使えば使うほど増える。人的資産で言えば，人は潜在的に承認欲求を持っており，何かに役立つことで自らの存在意義を見出す。また，技術も使えば使うほど研鑽される。お金もまた然りである。逆にお金以外の資産は使わなければ目減りする。人と人とは疎遠になり，また技術は劣化する。その意味において，お金のみ，その特性が異なる。

図1 知的資産経営の概念図

2．メーカーの資産経営

さて，ここでメーカー系の資産形成について説明する。メーカーは〈飯のタネ〉と〈夢のタネ〉を両輪とし運営する。〈飯のタネ〉は，日銭稼ぎのようなイメージで安定的に利益を生み出す業を指し，〈夢のタネ〉は将来の新たな事業を創出する研究開発を指す。〈飯のタネ〉で会社を維持し従業員の給与を確保した上で，〈夢のタネ〉として未来への投資をする（図2）。これが機能している会社は新製品をリリースする頻度が高く，持続的な企業活動が可能となっている。ちなみに，ベンチャー企業と呼ばれる類は〈夢の種〉だけで切り盛りしていることが多く，リスクの高い状態であるのは間違いない。したがって，リスクを吸収できるベンチャーキャピタルや大手企業等の取引先の存在が必須である。つまり，ベンチャー企業で無い限り，ステークホルダー（直接・間接問わず利益を共有する組織・人および，それらの関係者）の多い大手・メーカー・社歴の長い企業等は，よほどの確たる市場性が無い限りは外部資本に依存した経営計画を立ててはいけないのが理解できるはずである。事業計画が失敗した時に被害が及ぶ関係各所が多いからである。逆に，ベンチャー企業と呼ばれている山師的な経営をする企業においては，持続性を目的としていないため，経営資源の選択と集中と言う意味においては，大きな〈夢のタネ〉である研究開発に集中すれば良い。ベンチャービジネスも，こうでなければならないと言う形は無く，永続を目指すのか，一攫千金を目指すのか，目的や周りの環境・期待に応じて経営手段を選べば良い。

さて，ここで市場に受け入れられる製品について検討する。例えば，お菓子業界であるが，年間，何百もの新製品を出しても（出典：https://www.ksp-sp.com/open_data/topics/2011/0610.pdf），ロングランは1～2点出れば良い方である。一つや二つの新製品で爆発的に企業が成長することはまれなケースで（技術のロードマップ上に乗っている製品や，あらかじめ市場を占有していたり，商流を掴んでいる場合は確度が飛躍的に上がる），新製品・新商品を乱打するか，手を変え品を変え言い方を変え市場にアプローチする等，気が遠くなるような試行錯誤を経て，ようやくロングランを打てるケースがほとんどである。つまりは，企業の持続性を評価する上で，新製品の投入頻度は重要なパラメーターと成り得る。プレーヤーである企業は手数も意識すべきである。

実は，中小・中堅企業で〈夢のタネ〉である研究開発のテーマが枯渇している会社は驚くほど多い。図1に示すような周囲を巻き込んだ富の再分配と言う知的資産経営の文化を，どこかで無くしてしまったのであろう。

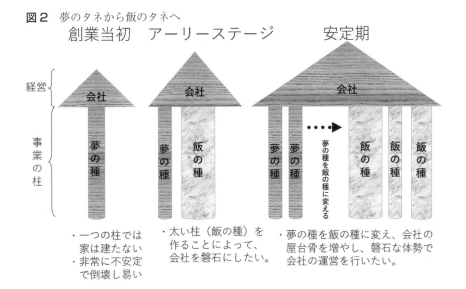

図2 夢のタネから飯のタネへ

3．市場との対話と製品

　当社は大学発ベンチャー企業であるため，それに類する起業に関して与信的な進言を申せる。大学での〈研究〉は，技術の可能性を示唆する所までがほとんどで，実用化・製品化の領域である〈開発〉にまで意識が及ばないことが多い。良い技術でも，製品自身が高額・歩留まりが悪い・タクトタイムが遅い等のコストに見合う能力が無ければ実用化されない。技術シーズありきではなく，市場のニーズに技術を合わせる製品開発が理想的である。つまり，前述した通り最初に人的ネットワークでニーズをキャッチすべきである。

　そのキャッチする方法であるが，展示会やメディアを通して自らの情報を広く発信する方法と，ニーズを掴んでいるコンサルやベンチャーキャピタル等…多くのネットワークを駆使し意中の人々にたどり着く方法とがある。余剰資産があり守秘が無ければ両方同時に行えば良い。このようにして，製品を投じる分野のユーザーのコネクションが出来上がれば直接ニーズを吸い上げ，事業化の検討が行える。なお，ニーズを掴んで製品開発をしている大手企業の開発業務の一部に組み込まれてしまうのも一つの手である。場合によっては商社からの提案も受け入れるべきである。常々ユーザーと接している商社にも，実はニーズが集まっていることは多い。右から左に商材を流しているだけの商社は滅びるが，真っ当な商社はユーザーのニーズを掴み適切なメーカーへ事案を振り分け市場を掌握している。メーカー・非メーカー問わず大切なのは持続することであって，こうあるべきだと言う思い込みによって自ら作り上げた制約を取り払う必要がある。選り好みによる偏った感性でステークホルダーに損をさせては永続性を失う。

　さて，市場のニーズを知った上で矢継ぎ早に新製品を市場へ上梓するには保有している技術の分析も必須となる。単一技術だけで製品を製造しているメーカーはほとんど存在しない。ハイテク技術と言われている最先端技術も，ローテク技術の積み重ね・組み合わせで成されている。つまり，それらの細分化による再配置・再合成によっても，〈飯のタネ〉を見出すことも可能である（図3）。ベンチャー企業は，ハイテク技術によって市場の席巻を目指しているた

図3 技術の細分化と再結合の概念

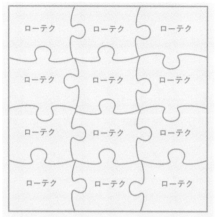

め、実は多くの基礎技術を保有しており、比較的容易に既存市場への参入が可能である。このことに気付いている企業は、持続的な企業運営を実践している。例えば、当社のようなプラズマ装置メーカーであれば、保有技術は、プラズマ技術・真空技術・プラズマ化学・メカトロニクス・基板設計・機械設計・装置製造技術・開発力…等、多くの技術を保有している。この中から、市場に求められる単一技術、もしくは、複合技術を見出せば良いことになる。かく言う当社も、封止膜の形成技術を上梓するために起業したが、起業直後に〈飯のタネ〉としてプラズマ技術と真空技術で成せる表面改質装置を開発した。現時点においても、それが事業の柱として存在し、持続性に大きく寄与している。富士フィルムが化粧品ビジネスへスライドできたのも、同様な試みであるのは有名な話である。

一方、技術の細分化によって不必要な機能を省き新たな価値を創出した事例もある。当社で言えば、「写ルンです」のような使い勝手の良いプラズマ装置である。プラズマ製品は、1台1000万円以上の高価なもので、使いこなすのが難しいと考えられていたため、半導体やパネル（ディスプレイ）以外の産業に波及することが無かった。現代においては、バイオ・医療分野のみならず、メッキ前や着色前処理等の既存産業に応用されつつある。これは、プラズマ技術がドライプロセスであるため、従来、多用されていたウエットプロセスと比べると環境負荷を大きく軽減できることに寄与しているが、それだけではない。市場に受け入れられる〈適切さ〉の成せる技である。市場が受け入れるには、性能においても価格においても〈適切さ〉が必要であると言うことである。

さて、その〈適切さ〉のある製品の価値算定についても検討しなければならない。実は、技術系の大学では安く頑丈に作る技術は教えていない。大学までは高度な技術に価値があると教えられている。一方、社会ではユーザーの課題解決・利便性に価値を置くので、その意識の違いを是正する必要がある。歳を重ねても、それが理解できず、ひたすら高度な技術に重点を置く方々も多いが、必ずしもそうではない。積み上げられた専門性は、高みに到達すればするほど競争相手が少なくなりビジネスはしやすくなる。その意味においては、技術的に高度で先進的なことには価値があるが、果たしてそれだけではない。ユーザーが求めている価値には使い勝手やデザインも、そして価格や頑丈さにも含まれる。そのバランスが取れて、初めてビジネスとして成立している。この〈適切さ〉を理解していないことが技術系の大学発ベンチャー企

図4 メーカーの損益計算書例

業が羽ばたけない理由の一つでもある。ビジネスは市場と技術があれば成立するものではない。総合力を持って成すものである。研究開発は富の構築行為そのものであって、教育の現場である技術系の大学は、その方法を習得する場でもあるとするのであれば、その大学においてもビジネスを俯瞰して捉える総合力を教える義務がある。

ここで、メーカーの特徴について財務面から考える。粗利率の高い商品であれば、図4に示す販売および一般管理費が潤沢となり営業戦略の選択肢が増えることとなる。その他、得られた利益を外部営業へ経費を振り分けることも、将来の研究開発へ経費を振り分けることも、従業員の教育へ振り分けることも可能等、多くの選択肢や組み合わせが存在する。一方、商社や加工業は価値創出プロセスが単純なため模倣しやすい。つまり過当競争に陥りやすい。結果として粗利率が低くなり、必然的に打てる手立てが少なくなる。一方メーカーは、市場が求めている価格を勘案した値付けによって、利益を最大化することが可能である。原価が幾ら低くても市場の値付けが高ければ、そのギャップが利益となり企業を潤わせ、次への躍進へ繋げられるのである。まれに原価を基に売値を決めるメーカーが存在するが、ナンセンスである。

ニーズも価格も市場に決めてもらうのが〈適切〉である。

3．知的資産の資産運用

前述もしたが、組織には資産である人的ネットワーク・技術・お金を有効に運用し、永続させるミッションがある。それは、従業員を含めたステークホルダーと資産をシェアし、共に豊かな人生を送るためである。難しいのは、これらお金を含めた資産の運用が上手な人と、そうでない人が存在すると言うことである。

一方的に資産（人的ネットワーク・技術・お金）を供給してもリターンが無い相手・事業は、早々に切り上げる方が効率的である。逆に、相互に資産を供給し合い、価値向上に機能し合える関係にある相手や事業は大切にすべきである。ただし、相互に許容量・能力に差があるので、それに応じた付き合いをしなければ不公平感を感じる等で長い付き合いができない。つまり相手に応じた付き合いの深さを勘案すべきである。実は、技術もお金も同様である。何事も〈適切さ〉が大切である。ここで気に留めておかなければならないことがある。資産運用によりリターンを得ようと思った時に、資産の供給量が不足していれば事業が成立せず結果が得られないこともある。基本的に供給する資産は少し過剰気味くらいがちょうど良い。昨今の何でもかんでもコストカット・経費削減はいかがなものかと感じる。そのせいでゲインが得られていない事例が多いことに、富（資産）の配分者達は気付いているのであろうか。

ここで、資産を運用する人の許容量について述べる。資産が関与している領域（ステークホルダー）を広げると、組織運営は途端に難しくなる。権力者に異を唱えるデモ行進でも、広く募ると同じ問題意識を持った人だけではなく、

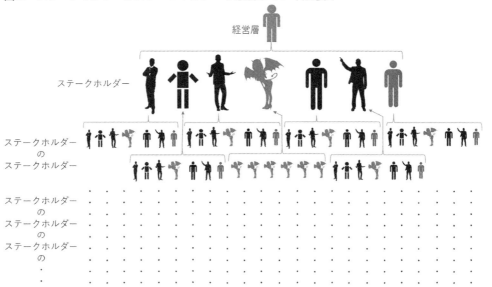

図5 ステークホルダーがステークホルダーを形成していく概念図

曲解している人から，組織解体を目論む人物や，違う思想を混同しようとするテロ等が潜伏する可能性もある。しかし，それらを警戒すると広がりが無くなる。会社組織もステークホルダーの広がりも同様である。だからこそ，相互に理解し確認しながら臨む必要がある。しかしこれが難しい。お互い様であるが，良かれと思って実行して，相手の組織に迷惑を及ぼすこともある。また，短絡的で狭義な正義感のもと経営陣に直接進言すること無く組織内外へ異を喧伝する人物も存在する。こうなっては，求心力が下がり資産は大きく目減りする。この意味において，ステークホルダーとの意思疎通は充分に行う必要があり，それが企業防衛ともなる。この防衛とステークホルダーの広がりの両立こそが，資産運用のコツであり，その人の器である。

しかし一方で，一人ではステークホルダーと充分にコミュニケーションを取れる人数に限界がある。つまり，より多くの資産を増そうとした時，自分の考えに近い人物（従業員も含めたステークホルダー）にステークホルダーを増やしてもらうか，自分に足りない技術を，どれだけ補完してもらうか，自分のお金を運用してもらうか，必要なお金を用立ててもらうか，等である。そして，図5に示すようにステークホルダーを増やしてくれるステークホルダーの先にもステークホルダーを増やしてくれる存在を作り，多くの人に関与してもらい，そして利益をシェアする。適切な表現ではないがネズミ講のようなイメージである。ちなみに，不利な立場で偏りのあるビジネスに関わりたい人は居ない。資産であるお金はもちろん，人的ネットワーク・技術も従業員のみならずステークホルダーと共有すべきである。見方を変えると，会社はお金以外に人的ネットワークや技術と言う形でも報酬（資産）を支給している場合がほとんどで，見た目の給与よりも多くの資産を甘受している従業員は意外と多い。お金は数字であるので他社と比較しやすいが，それ以外の資産にも人生を豊かにする価値がある。これらが可視化できたとき，人はお金の呪縛から解放される。

ここで，ステークホルダーを広げることを目的にダイバーシティで組織を成立させることを想定する。その場合，資産の概念は〈お金〉に統一しておけば良い。お金の価値は万国共通だからである。お金があれば豊かになれると信じ

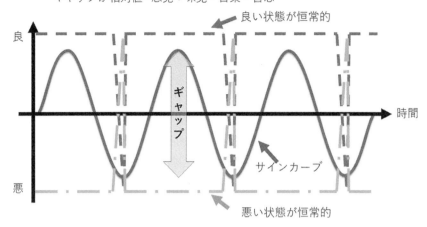

図6 感覚が相対値である概念図
ギャップが相対値＝感覚：味覚・苦楽・喜怒

ておられる方々も多いのは事実である。さて，この場合の組織の運営は，規則を厳格化し，集金マシーンとなる従業員を，どれだけ増やせるかに特化すれば良いのだ。しかし，お金基準であれば，お金が無くなった時にステークホルダーは離れていく。それは楽しいのか？と問いたい。お金持ちになって豪邸に住んで高級車に乗って高級レストランで夕食を食べて，果たして楽しいのか？と問いたい。恐らく心が満たされるのはヒトトキである。過去，日本にも「幸せ庁」の設置が本気で検討されたようであるが，生活に困ったことの無い政治家の方々が「幸せとは？」の問いに立ち向かったため結論が出ず，幻の庁となり実現しなかった。結論から言うと，相対的なセンスを持って物事を見定めなければ事の本質は解釈できない。事業性評価においても，スナップショット的な事業年度毎の業況では無く，浮き沈みのサイクルをも考慮に入れた評価が必要である。人の感情も，図6に示すようなサインカーブを描くが如く，必ず浮き沈みがあり，良い人モードの時と，悪い人モードの時がある。波長が合う合わないは，この気持ちの変動が合うか合わないかを意味する。ずーっと美味しいものを食べ続ければ，いずれは美味しく感じなくなる。しかし，非常に不味いものを食べた後であったり，絶望的な空腹時に何かを食べると，とてつもなく美味しく感じる。良い人は，ずーっと良い人で居なければ周りは安心しないが，逆に日頃暴力暴言が過ぎる人がまれに優しくするから，その優しさが際立つ。感覚は相対値によって決まる。では，常々苦労をしていなければ，何かを成し得たときに達成感を得られないかと言うと，その手もあると言う程度で，苦労を共にした仲間と会うことで記憶が蘇る。そして，記憶の中の苦と相対的な現状の楽しさを味わえる。その仲間が多ければ多いほど楽しさのバリエーションが増える。つまりは，苦楽を共にすべくより多くのステークホルダーを創出することこそが，一つの幸せの形を得られ持続可能な組織と成り得る。ビジネスは，そのツール・機会と言える。共通の価値観を持って持続可能な組織運営をすることは，ダイバーシティとは逆行するが，共通項が多い方が優位であるのは間違いない。第一次ベビーブームである団塊の世代は，良くも悪くも同じ趣味・大手企業に勤める方々が多かった。そのためか，自分たちの価値観こそ正しく若い人達の理解が及ばないことに理解が及ばない。情報化社会である現代においては選択肢が爆発的に増え，否が応でも多様性の時代を迎えている。それは，組織的な活動をする上で，共通の価値観を醸成し難いと言う意味では不幸な

メーカーの持続可能な知的資産経営　47

ことである。しかしながら、日本人は八百万の神様を受け入れる寛容さがあるので、多様性を受け入れる潜在能力は高い。ようは宗教のようにお互いの存在を認めれば良いだけの話である。

　組織としての壁が薄くなり、ステークホルダーと言う概念で事業運営するようになり、情報化社会で距離を意識することなく交流することができるようになれば、価値共有できる人を組織内に求める必要は無くなる。一方で、価値を共有できない組織に対しては所属意識が無くなり、その組織の継続性が失われ、ステークホルダーに被害が及ぶ。被害を受けたステークホルダーは、やがて離れていき資産は目減りしていく。つまり、継続性を無くして困るのは自分自身である。

　やはり、組織は一喜一憂できる人物が多く集うに越したことは無い。そのためには、思想信条や楽しみが、その組織やステークホルダー内に存在していることが大切である。

　家族は、同じ食事をし、同じ経験をし、テレビなどの情報源も同じで、〈時〉を共有している。結果として価値共有が成され、同じような味を好み、同じような感受性となり、同じような話し方となる。会社組織やステークホルダーへの価値共有も同様で、如何に同じ〈時〉を過ごすかにかかっている。つまり交流する〈時〉をどれだけ共有するかである。

　それは、ライフに偏ったワークライフバランスが唱えられ、飲みにケーションが蔑まれ、ON/OFF共にステークホルダーと過ごす時間を制限された現在においては難しい課題となっているのは間違いない。OFFの時間にステークホルダーと過ごすための経営者層に残された手段は多趣味になることだけであろうか…。

4．まとめ

　知的資産経営は、永続性を重視する場合は生命線につながる視点となる。それは、組織の外側をも巻き込みながら推し進める資産運用である。その資産運用は、メーカー・非メーカー問わず市場との対話によって得られるニーズに即した製品投入であればビジネスとしての成約率が向上する。その製品の価値も、実は市場が主導している。

　資産は、増やそうとすればするほどリスクを取ることになる。しかしながら、対価としては、人生を豊かにするに充分なものである。

5．今後

　知的資産は、お金と言う単一なものではなく、人的ネットワークと技術も加わり複雑になっている。しかしながら、事業性評価はすべてのステークホルダーにとってリスクヘッジと言う意味においても、資産形成と言う意味においても大切である。数値化するのが困難にせよ、人的ネットワーク・技術・お金の相互の関係性を紐解き、何かしらの手段を講じて表現できないかを継続検討する。

査読論文

価値創造プロセスにおけるインタンジブルズの役割

梅田　充
(専修大学商学部助教)

要　旨

　本論文はエーザイの事例をとりあげ，インタンジブルズによる価値創造とコミュニケーションとの関係性を検討したものである。本論文の発見事項は次の3点である。
　第1に，価値創造プロセスを4つのタイプに分類した点である。先行研究から創造される企業価値には株主価値をステークホルダー価値にあり，企業価値と資産の関係には構成要素を記述するタイプとドライバーを記述するタイプがあることが分かった。
　第2に，リスクに関するマテリアリティの考え方を明らかにした点である。同社では，発生可能性ではなく，マテリアリティを長期投資家にとっての関心で捉えている。つまり，発生可能性が高く価値創造に影響を及ぼすリスクが明らかにされていない。そこで，Kaplan（2009）のリスク・スコアカードを用いてリスクの優先順位を付けることを提案した。また，優先順位の高いリスクについては，南雲（2006）のCOSO ERM統合型BSCのように，リスク管理を戦略マップに取り込むことを提案した。
　第3に統合報告は，戦略企画室といった戦略を策定する組織が中心となって作成すべきことを明らかにしたことである。統合報告は，価値創造や戦略に関する情報からなる。したがって，戦略を策定する戦略企画室が主導することで，戦略に沿った一貫した情報をステークホルダーに提供することができる。さらに，価値創造プロセスを戦略マップで作成している場合，戦略企画室が主導になることで戦略管理にも有用な戦略マップになる可能性がある。

キーワード：総合報告，インタンジブルズ，価値創造，価値毀損，戦略マップ

1. はじめに

　従来，企業は，財務諸表やアニュアル・レポートを通じてステークホルダーとコミュニケーションを図ってきた。企業の社会的責任や環境への配慮への関心が高まるとサステナビリティ・レポートで非財務情報を開示するようになった。一方で，インタンジブルズの重要性の高まりから，オンバランスされないインタンジブルズを開示することで外部のステークホルダーとコミュニケーションを図ろうとする知的

(査読：2019年7月審査受付／2019年8月掲載決定)

資産報告書が登場している。コミュニケーションのために，ステークホルダー価値の価値創造プロセスも開示しようとする動きがある。IIRC（International Integrated Reporting Council：国際統合報告評議会）が2013年に公表した統合報告フレームワークは，オクトパスモデルと呼ばれる価値創造プロセスとしての可視化を求めている。

本論文の目的は，エーザイの事例をとりあげ，インタンジブルズの測定の価値創造プロセスにおけるインタンジブルズの役割を明らかにすることである。第2節では，企業価値を定義するとともに，価値創造プロセスに関する先行研究のレビューを行う。第3節では，統合報告の基本概念とオクトパスモデルについて概説する。第4節では，エーザイの統合報告について述べる。第5節では，エーザイの統合報告に基づいて価値創造プロセスの考察を行う。最後に本論文の発見事項を述べる。

2．企業価値と価値創造プロセス

企業は，事業活動を通じて持続的に企業価値を創造することが求められている。企業価値をどのように捉えるかには，さまざまな見解がある。そこでまず，企業価値に関する先行研究を整理する。次に，企業がどのように価値を創造するのかという価値創造プロセスに関する先行研究を整理する。

2.1 企業価値を享受する対象

ひとくちに企業価値と言っても，企業価値に対する考え方にはさまざまな見解がある。企業価値は，誰に対して価値創造するのかによって捉え方が異なる。つまり，企業価値を享受する対象を株主のみを対象とするのか，またはステークホルダー全体を対象とするのかである。櫻井（2009）によれば，stakeholderという英語は，shareholder（米）やstockholder（英）という英語の韻を踏んでおり，stakeholderとshareholderとを対立軸として捉えている[1]。そこで，ここでは，誰のために価値創造するのかという視点から株主価値とステークホルダー価値を検討する。

株主価値は，経営者が企業の所有者である株主のために経営を行い，利益を株主に還元することを経営の第一義的な目的とする考えである。つまり，株主の富の極大化を狙う。株主価値は，Mckinsey & Company（2010）に代表されるように，株主志向の経営によって，株価，MVA（Market Value Added：市場付加価値），割引キャッシュ・フローといった経済価値の向上を目指す考えである。これは一般的には，価値創造経営（Value Based Management：VBM）と呼ばれる。

これに対して，ステークホルダー価値は，企業を取り巻くすべてのステークホルダーのベネフィットを追求する考えである。Freeman et al.（2007, p.6）は，社会における企業の真の目的はステークホルダーのための価値創造であると述べている。株主価値を企業価値とする場合，ステークホルダー間の利害対立が生まれる場合がある。例えば，経済価値のみを追求した場合，従業員に過度な労働を強いることによる生産性の向上や，粉飾決算といった法に反する行動を助長する可能性がある。そのために本論文では，企業価値をステークホルダー価値で捉える。なぜならば，企業はさまざまなステークホルダーに影響を及ぼし，及ぼされながら活動している。そして，企業はステークホルダーとの関係の中でステークホルダーと企業価値を共創していると考えるからである。

2.2 価値創造プロセス

株主価値を創造するにせよ，ステークホルダー価値を創造するにせよ，企業がいかに価値を創造するかが重要である。ここでは，株主価値とステークホルダー価値という2つの企業価

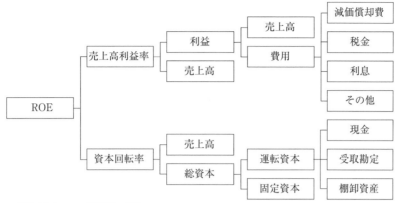

図1 デュポンチャート

出典：Solomons（1965）p.165.

値に基づいて，価値創造プロセスの先行研究を整理する。株主価値の創造を志向する価値創造プロセスを株主アプローチ，ステークホルダー価値の創造を志向する価値創造プロセスをステークホルダー・アプローチと呼ぶ。なお，最終的な結果が株主価値であっても価値創造のプロセスの中に，株主以外のステークホルダーの価値が含まれている場合には，ステークホルダー・アプローチとする。

さらに，この2つのアプローチは，価値創造プロセスに関して，構成要素タイプとバリュー・ドライバータイプに分類できる。構成要素タイプとは，企業価値を構成要素に分解する価値創造プロセスである。他方，バリュー・ドライバータイプとは，企業価値に重大な影響を及ぼすバリュー・ドライバーを特定する価値創造プロセスである。

以上を整理すれば，価値創造プロセスのタイプは，株主アプローチの構成要素タイプとバリュー・ドライバータイプ，ステークホルダー・アプローチの構成要素タイプとバリュー・ドライバータイプの4つに分類することができる。

2.2.1 株主アプローチ

株主アプローチの構成要素タイプの代表的なものとして，デュポンチャートがあげられる（図1）。デュポンチャートは，ROI（return on investment：投資利益率）を財務諸表に基づく財務指標に分解する。その結果，ROIを高めるには，どの指標，勘定科目を高めるかが明らかになり，企業価値創造に向けたマネジメントが可能になる。

次にバリュー・ドライバータイプについて説明する。このタイプには，Mckinsey & Company（2010）の価値創造プロセスとBoulton et al.（2000）の価値創造プロセスがある。

Mckinsey & Company（2010）は，株主価値を高めるバリュー・ドライバーを明らかにしている（図2）。株主価値を高めるバリュー・ドライバーには，経済価値ドライバー，短期的ドライバー，中期的ドライバー，長期的ドライバーがある。例えば，ROIC（return on invested capital：投下資本利益率）を高めるためには，短期的には，事業コスト効率と資本効率の管理が必要になる。中期的には，コスト構造が適切であるかどうかが重要となる。長期的には，中核事業が稼げる事業なのか，成長機会がある事業なのかが重要となる。具体的には，新技術，顧客の価値変革および新サービスの開発といったインタンジブルズが含まれる（Mckinsey & Company, 2010, p.419）。

Boulton and Samek（2000）は，企業価値を株価として，資産を株価を高めるドライバーとして捉えている（図3）。この価値創造プロセス

図2 Mckinsey & Company (2010) の価値創造プロセス

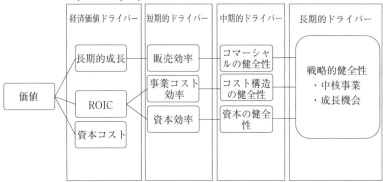

出典：Mckinsey & Company (2010) p.417.

図3 Boulton and Samek(2000) の価値創造プロセス

出典：Boulton and Samek(2000) に基づき筆者作成。

は，資産を認識したら，それを最大限に活用し，価値を生みだす独自のビジネス・モデルが必要になる（Boulton et al., 2000, 訳, p.162）。独自のビジネス・モデルを通じて，株価が向上する。ビジネス・モデルをブラックボックスにしているために具体的な価値創造プロセスは不明である。しかし，価値創造に寄与する組織資産，顧客資産および従業員／サプライヤー資産といったインタンジブルズの認識を強調した点は興味深い。

2.2.2 ステークホルダー・アプローチ

ステークホルダー・アプローチは，ステークホルダー価値の創造を目的とする価値創造プロセスである。最終的に創造される価値が株主価値や経済価値であっても，その他の価値が価値創造プロセスに含まれているならばステークホルダー・アプローチと解釈する。価値は創造するまでの時間が異なる。例えば，株主価値のように比較的創造しやすいものからその他のステークホルダー価値のように比較的創造しにくいものがある。最終的な株主価値だけが重要だけでなく，そのプロセスで創造された価値も重要ある。ステークホルダー・アプローチの構成要素タイプとバリュー・ドライバータイプの先行研究をそれぞれ明らかにする。

構成要素タイプには，Donovan and Wortman (1998) の価値創造プロセスをあげることができる（図4）。Donovan and Wortman (1998) は，顧客価値を顧客が自社製品と競合製品と比較した場合の相対価格と相対品質という顧客資産に分解している。経済価値は収益，資産および費用という構成要素に分解している。組織価値は，組織資産である他社と比較した際の相対的報酬と人的資産である相対的な仕事の質という構成要素に分解している。このような考えは，Edvinsson and Malone (1997) のインタン

図4 Donovan and Wortman(1998) の価値創造プロセス

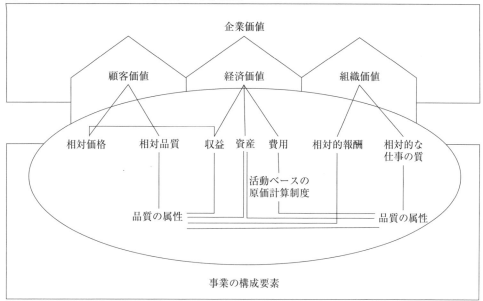

出典：Donovan and Wortman(1998) 訳 p.106.

ジブルズの構成要素の分類に近い[2]。つまり，Donovan and Wortman (1998) の価値創造プロセスは，インタンジブルズを企業価値の構成要素として捉えている。

次に，バリュー・ドライバータイプについて明らかにする。このタイプには，Heskett et al. (1994) のバリュープロフィット・チェーン，Kaplan and Norton (2004) の BSC，伊藤・関谷 (2016) の価値創造プロセスがある。

Heskett et al.(1994) のバリュープロフィット・チェーンは，従業員満足度を高めることで，顧客満足度が高まり，売上や収益が増大するというプロセスである（図5）。バリュープロフィット・チェーンの特徴的な点は，従業員満足を高め，職場設計や報酬制度の整備や顧客満足度を高めるための設計と開発といった事業活動が価値のバリュー・ドライバーになっている点である。つまり，バリュープロフィット・チェーンは，従業員や顧客といったステークホルダーも視野に入れて，人的資産や顧客資産といったインタンジブルズの構築を志向している。

Kaplan and Norton （2004）の戦略マップは，財務の視点，顧客の視点，内部プロセスの視点および学習と成長の視点の4つの視点で戦略目標を示し戦略を可視化したものである（図6）。財務の視点は，株主に対する経済価値を創造するための戦略目標を記述する。顧客の視点は，顧客に対する顧客価値創造するための戦略目標を記述する。内部プロセスの視点は，財務の視点と顧客の視点の戦略目標を達成するためのビジネス・プロセスを記述する。学習と成長の視点は，組織資産，情報資産，人的資産といったインタンジブルズを記述する。戦略マップの特徴は，戦略にとって重要な戦略目標を因果関係で価値創造を示している点である。また，インタンジブルズを価値創造の源泉としている点である。

伊藤・関谷（2016）の価値創造プロセスは，期首の有形資産とインタンジブルズが活動を通じて期末の有形資産とインタンジブルズを構築し，これらが企業価値を創造するプロセスである（図7）。伊藤・関谷（2016）の価値創造プロセスの特徴は，戦略とマネジメントコントロー

図5 バリュープロフィット・チェーン

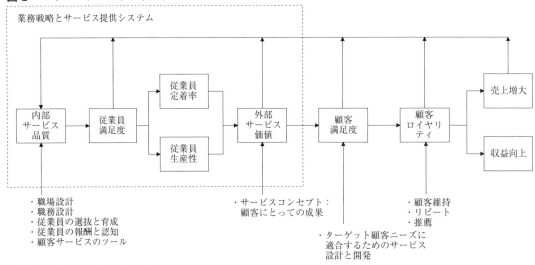

出典：Heskett et al.(1994) p.166.

図6 バランスト・スコアカード

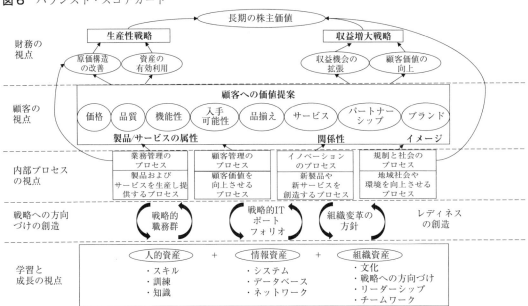

出典：Kaplan and Norton (2004) p.51.

ル・システムを取り入れた点である。有形資産とインタンジブルズは，戦略と結びついて，企業価値を創造する。つまり，企業活動は戦略に左右され，それをコントロールするマネジメントコントロール・システムの影響も受ける。

以上より，さまざまな研究者によって，企業価値をどのように創造するのかという価値創造プロセスが明らかにされてきた（表1）。本論文では，価値創造プロセスをステークホルダー・アプローチのバリュー・ドライバータイプを採る。既に述べたように，企業は，さまざまなステークホルダーとの関係の中で，企業価値を創造していると考えるため，株主アプローチよりステークホルダー・アプローチとして捉えるよ

図7 伊藤・関谷（2016）の価値創造プロセス

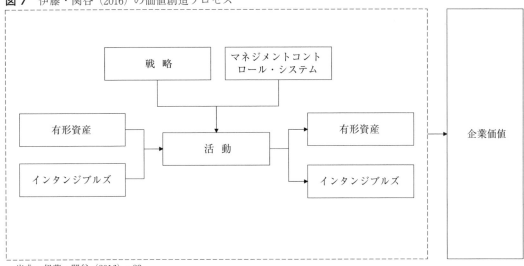

出典：伊藤・関谷（2016）p.23。

表1 価値創造プロセス研究の分類

企業価値＼タイプ	構成要素タイプ	バリュー・ドライバータイプ
株主アプローチ	デュポンチャート	Mckinsey & Company（2010） Boulton and Samek（2000）
ステークホルダー・アプローチ	Donovan and Wortman（1998）	Heskett et al.（1994） Kaplan and Norton（2004） 伊藤・関谷（2016）

出典：筆者作成。

うになってきた。また，構成要素タイプを採用した場合，構成要素に分解しても何を重要視するのかが見えてこない。価値創造に重要なのは，戦略的な重点課題を定め，アクションをとることで企業価値を創造する一連の因果連鎖が重要になる。つまり，企業価値創造のためには，バリュー・ドライバータイプが有用であると考えられる。要するに，ステークホルダー・アプローチのバリュー・ドライバータイプの価値創造プロセスは，持続的な価値創造に寄与するモデルである。

3．価値創造プロセスとコミュニケーション

インタンジブルズの価値創造プロセスの先行研究には，価値創造プロセスを超えて，コミュニケーションへの役立ちを扱うものもある。IIRCフレームワークは，価値創造とコミュニケーションに有用である。本節では，まず，インタンジブルズ情報の開示によるコミュニケーションに関する先行研究を価値創造の視点からレビューする。次に，価値創造とコミュニケーションを扱った統合報告を概説する。最後に，統合報告の基本概念を明らかにし，その中で価値創造プロセスを検討する。

3.1 価値創造とコミュニケーションに関する研究およびガイドライン

ステークホルダーとのコミュニケーションを図ることを目的とする研究に Lev（2001），スカンディア・ナビゲーター，MERITUM ガイドライン，デンマーク知的資本報告書，知的資産経営の開示ガイドライン，Lev and Gu（2016）がある。これらの研究およびガイドラインを価値創造プロセスの可視化という視点から検討する。

Lev（2001）のバリューチェーン・スコアボードは，発見および学習段階，実行段階，商業化段階の3段階で，インタンジブルズの成果がどのように現れるかを表している。さらに，3つの段階は3項目に分けられ，計9項目が示される。項目ごとに，インタンジブルズがどのように価値創造するのかを箇条書きで示す。箇条書きで示されるため，項目間の因果関係が曖昧であり，明確な価値創造プロセスとは言い難い。

スカンディア・ナビゲーターは，財務の視点，顧客の視点，人材の視点，プロセスの視点，革新・開発の視点の5つの視点に，インタンジブルズ，インタンジブルズを構築するための活動，企業価値が示される。しかし，戦略マップの構築を推奨しているわけではないため，視点間およびインタンジブルズ，活動，企業価値の因果関係は明確ではない。

Lev and Gu（2016）の戦略的資源・帰結報告書は，資源開発，資源ストック，資源保持，資源展開，創造価値の5段階で，インタンジブルズが価値に変換される過程ごとに示している。これらのガイドラインに共通する問題は，それぞれの項目が箇条書きで列挙され，項目間の因果関係が明らかでない点にある。つまり，インタンジブルズと企業価値との関係性が不明瞭であり，企業全体の価値創造は可視化されない。

MERITUM は，価値創造のために，戦略目標，戦略目標達成のためのインタンジブルズ，インタンジブルズ構築のための活動およびその指標が示される。このガイドラインは，一見すると価値創造を可視化しているように見える。しかし，戦略目標間の因果関係がブラックボックスになっている点や企業価値を株主価値のみに限定している点などから株主アプローチの Boulton and Samek（2000）の価値創造プロセスに近いものとなっている。

デンマーク知的資本報告書は，価値創造に必要なインタンジブルズを記述するナレッジ・ナラティブ，経営課題，行動計画，指標を示す。価値創造に必要なインタンジブルズを示すものの，肝心の企業価値とインタンジブルズとの関係性が明確ではない。

知的資産経営の開示ガイドラインは，価値創造に向けた過去，現在，将来のインタンジブルズを一貫したストーリーをもって記述する。また，インタンジブルズに関する指標も記述する。知的資産経営の開示ガイドラインは，その他のガイドラインのように，明確なモデルを示していないため，価値創造プロセスを開示できていない。

要するに，これらの研究およびガイドラインは，財務諸表ではオンバランスされないインタンジブルズを開示することによるコミュニケーションを目的としている。しかし，インタンジブルズ同士の関係性やインタンジブルズが企業価値にどのように転換されるかなどが明らかでない。したがって，インタンジブルズがどのように活用され，企業価値を創造するかを明確に可視化できているとは言い難い。

一方で，統合報告は，価値創造に関する情報および価値創造プロセスを開示することで，ステークホルダーとコミュニケーションを図ることを目的としている。そこで，次節以降では，統合報告について検討する。

3.2 統合報告の目的

統合報告は，「統合思考を基礎とし，企業の長期にわたる価値創造に関する定期的な統合報告と，これに関連する価値創造の側面について

のコミュニケーションに繋がるプロセスである」(IIRC, 2013, p.33) と定義されている。

統合思考は，統合報告の基礎となる鍵となる概念である。例えば，有価証券報告書は主として財務資本，サステナビリティ・レポートは環境資本といったように従来の報告書は，企業の一部の資本の情報に焦点が当てられている。開示する資本が異なれば，価値創造の時間軸と対象となるステークホルダーも異なる。有価証券報告書は，株主を対象として，比較的短期の財務資本を報告する。サステナビリティ・レポートは，主として地域社会や規制当局を対象として，長期的に企業活動が環境に与える影響に焦点が当てられている。このように従来の報告書と統合報告書では，資本，ステークホルダー，時間軸が異なっている。統合報告における資本は，財務資本，製造資本，知的資本，人的資本，社会・関係資本，自然資本のすべての資本(IIRC, 2013, p.2) を対象としている。また，ステークホルダーは，株主，従業員，サプライヤー，事業パートナー，地域社会，立法者，規制当局，および政策立案者を含む (IIRC, 2013, p.8)。時間軸は，短，中，長期的の価値創造(IIRC, 2013, p.2) としている。これらを価値創造ストーリーとして統合するという考えが統合思考である。

統合思考に基づいて作成される統合報告書は，戦略的焦点と将来志向 (strategic focus and future orientation)，コネクティビティ (connectivity of information)，ステークホルダーとの関係性 (stakeholder relationships)，マテリアリティ (materiality)，簡潔性 (conciseness)，信頼性と完全性 (reliability and completeness)，首尾一貫性と比較可能性 (consistency and comparability) の8つの原則に則って作成される。これらの原則のうち，CSR 報告書やサステナビリティ・レポートと大きく異なる点は，戦略的焦点と将来志向，コネクティビティおよびマテリアリティにある。戦略的焦点と将来志向とは，戦略が価値創造にどのような影響を及ぼすかである。コネクティビティとは，価値創造に影響を及ぼす要因の関係性である。マテリアリティとは，価値創造に重要な影響を与える事象を提供できているかである。CSR 報告書やサステナビリティ・レポートは，戦略や企業価値への影響ではなく，社会または環境へ影響を及ぼす情報が開示される。一方で，統合報告では，開示する情報が戦略的に重要かどうかに焦点を当てる点に特徴がある。

3.3 統合報告におけるマテリアリティ

統合報告は，ステークホルダーに対して，発生確率が高く，価値創造に影響を及ぼす事象を開示することを求めている。図8は，IIRC (2011) のマテリアリティの分析図である。縦軸は発生可能性，横軸は短期，中期，長期にわたる企業の価値創造能力への影響度である。

図8に，企業の課題をプロットすることで，価値創造への影響度と発生可能性の高い課題を特定することができる。発生可能性と価値創造への影響度の基準値を超えた事象は，リスクが高い事象である。つまり，マテリアリティを分析することで価値創造に影響を及ぼすリスクが明らかになる。

3.4 統合報告の作成組織

アニュアル・レポートは，IR 室が中心となって作成される。その開示内容は，財務情報が中心で，主として株主に向けた報告書となっている。また企業は，GRI が GRI ガイドライン第1版を発表した2000年以降，CSR 報告書や環境報告書を通じて ESG 情報を開示しようとしてきた。CSR 報告書や環境報告書は，非財務情報が中心で，主として CSR 室が作成する。統合報告は，従来の報告書では結合されてこなかった財務情報と非財務情報を統合するものである。統合報告の特徴は，企業の持続的な価値創造および戦略に関わる重要な情報を開示することである。したがって，統合報告書の作成組織は，Kaplan and Norton (2006) が提唱

図8 マテリアリティの分析図

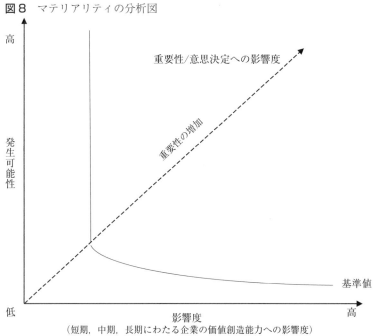

出典：IIRC（2011）p.28.

する戦略を管理する戦略管理オフィス（office of strategy management）が望ましい。戦略オフィスとは戦略企画室や経営企画室などを指す。戦略管理オフィスは，戦略の立案だけでなく戦略の進捗も管理する組織である。戦略管理オフィスを設置していない企業の場合は，戦略を立案する戦略企画室が主導となって作成することが望ましいと考えられる。

しかし，KPMG（2018）の調査によれば，統合報告発行企業341社中，戦略企画室が作成している企業は，41社（12.0％）と非常に少ない。その他の作成組織は，IR室が57社（16.7％），広報室・IR室が55社（16.1％），広報室が47社（13.7％），CSR室が41社（12.0％），広報室・CSR室が10社（2.9％），IR室とCSR室が7社（2.0％）となっている。つまり，半数近い171社（49.9％）はIR室やCSR室で作成している。

統合報告書の作成組織によって，マテリアリティの評価基準が異なる可能性がある。例えば，IR室が作成した場合，アニュアル・レポートで開示されるような株主価値への影響を重視すると考えられる。また，CSR室が作成した場合，ISO 26000やGRIのG4といったサステナビリティ・レポートで開示される環境や社会への影響を重視すると考えられる。KPMG（2018）の調査でも，マテリアリティの評価基準を開示している119社中，経営全般に関する事象を評価対象とする企業は45社（38.0％）で，CSRに関する事象を評価対象としている企業は74社（62.0％）となっている。現状は，経営全般に関わる事象が少なくCSRに関わる事象に偏っており，IIRC（2011）で述べられているマテリアリティとは大きく異なっている。

3.5 統合報告の基本概念

統合報告には，価値創造，資本，価値創造プロセスからなる3つの基本概念（fundamental concept）がある（IIRC, 2013, pp.11-16）。ここでは，3つの基本概念を整理し検討する。

3.5.1 価値創造

統合報告における価値創造は，「企業の事業

図9 オクトパスモデル

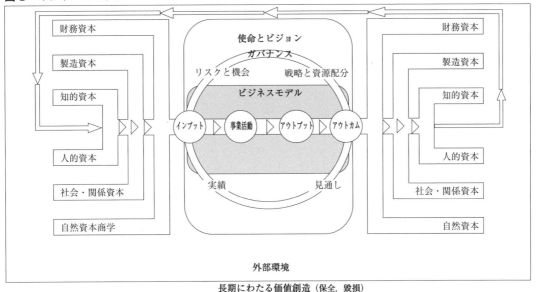

出典：IIRC（2013）p.15.

活動とアウトプットによって資本の増加，減少，変換をもたらすプロセス」（IIRC, 2013, p.38）と定義されている。統合報告における企業価値は，ステークホルダー価値である。企業価値を財務資本提供者への財務リターンにつながる自身に対して創造される価値とステークホルダーに対して創造される価値の2つの分類している。2つの価値は，ステークホルダーに対する価値が自身の価値へ影響を及ぼすという関係がある。IIRC（2013, p.11）では，財務資本提供者は，組織自身に対して創造される価値に関心を持っており，ステークホルダーに対する価値が組織自身の価値へ影響を及ぼす場合に関心を持つと述べている。

3.5.2 資本

統合報告で示される資本には，財務資本，製造資本，知的資本，人的資本，社会・関係資本，自然資本がある。財務資本は資金である。製造資本は建物や設備からなる。つまり，財務資本と製造資本は従来のアニュアル・レポートで報告されてきた資産である。知的資本には，オンバランスされる知的財産のほかに，企業に存在する暗黙知やシステムなどが含まれる。人的資本は従業員のノウハウ，スキル，経験からなる。社会・関係資本は，ステークホルダーとの関係性に焦点が当てられており，企業とステークホルダーの共通の価値やステークホルダーとの対話，ブランドやレピュテーションからなる。自然資本は，製品やサービスを提供するための環境資源である。知的資本，人的資本，社会・関係資本は，企業内部に存在する希少性，模倣困難性，非代替性をもつ価値ある資源であるインタンジブルズである（伊藤，2016）。つまり，インタンジブルズも資本に含めていることに特徴がある。

3.5.3 価値創造プロセス

価値創造プロセスは，これらの6つの資本がビジネス・モデルを通じていかに価値を創造するかを示すものである。IIRC（2013, p.15）では，オクトパスモデルと呼ばれる価値創造プロセスを提唱している（図9）。

図9によれば，企業価値である6つの資本の期首と期末の価値創造に影響を及ぼす項目として，組織概要と外部環境，ガバナンス，ビジネ

ス・モデル，リスクと機会，戦略と資源配分，実績，見通しを示すように提案している。

組織概要と外部環境は，企業のミッションやビジョンを特定し，外部環境に及ぼす影響と被る影響を示す項目である。ガバナンスは，価値創造能力をどう支えるかという項目である。ビジネス・モデルとは，「企業が戦略目的を達成し，短期，中期，長期の価値創造のために，事業活動を通じて，インプットをアウトプットおよびアウトカムに変換するプロセス」（IIRC, 2013, p.28）である。リスクと機会は，自社を取り巻く外部環境を示す項目である。戦略と資源配分は，戦略，戦略目標および戦略を実行するための資源配分を示す項目である。実績は，戦略目標をどの程度達成できたか，また，ビジネス・プロセスが6つの資本にどのような影響を及ぼすかを示す項目である。見通しは，戦略実行にあたって，どのような課題や不確実性に直面するか，また，その結果として将来どのような影響を及ぼすかを示す項目である。

組織概要と外部環境で示されるミッションやビジョンを価値創造の前提として，その下で過去の企業価値がビジネス・モデルを通じて，戦略による資源配分によってリスクや機会がどのように変化して実際の業績が達成されたり，将来の見通しを予測して，将来の企業価値がどのようになるのかを可視化するのが価値創造プロセスである（伊藤，2016）。

要するに，統合報告は短期，中期，長期にわたる価値創造を開示することでステークホルダーとのコミュニケーションを図ることを目的とする。このオクトパスモデルは，6つの資本がビジネス・プロセスを通じてどのようにステークホルダー価値を創造するのかを示すものである。

3.6 統合報告における価値創造プロセスの3つのタイプ

統合報告では，価値創造プロセスをオクトパスモデルで開示することを推奨しているが，強制適用ではないため，企業はさまざまな価値創造プロセスで自社の活動を開示している。伊藤（2016）は，わが国の統合報告をもとに，価値創造プロセスの可視化の3つのタイプを明らかにした。3つのタイプとは，戦略マップ・タイプ，オクトパスモデル・タイプ，その他の価値創造プロセスである。

戦略マップ・タイプは，Kaplan and Norton (2004)の戦略マップを基礎としたものである。戦略マップは，価値創造プロセスであると同時に戦略を可視化したものである（伊藤，2016）。戦略マップ・タイプの特徴は，戦略目標を羅列するのではなく，戦略目標間の因果関係によって価値創造プロセスを可視化することである。つまり，戦略マップ・タイプは，戦略目標の因果関係で戦略を示すことができる。

伊藤（2016）はさらに，オクトパスモデル・タイプは，ケースを取りあげて検討している。その結果，事業活動と企業価値との関係性が明確でない，企業戦略が示されていない，戦略を実行した結果6つの資本にどう影響するかが明確でないといった課題を指摘した。最後に，その他の価値創造プロセスは，オクトパスモデルによる価値創造プロセスの可視化が困難であると考えて，企業が独自に作成したものである。

企業が実際に統合報告で開示している価値創造プロセスには，3つのタイプがあった。オクトパスモデル・タイプは，戦略と価値創造の関係を示していないという課題があった。この原因として，オクトパスモデルが概念的で分かりにくいことが考えられる。オクトパスモデルに準拠したとしても，IIRC（2013）のオクトパスモデルの記述に捉われて，業種や業態が異なるのにも関わらず他社と似通ってしまう可能性がある。価値創造プロセスは，企業価値をどのように創造するかという戦略を記述するものであり，戦略に基づいて価値創造プロセスを構築すれば，自ずと2つとないものになる。つまり，他社と価値創造プロセスが似通っているという要因には，企業独自の戦略と価値創造プロセス

が結びついていないことが考えられる。

　一方で，戦略マップ・タイプは，戦略目標を因果関係で結ぶことで戦略を可視化することができる。つまり，戦略マップは，戦略を可視化したものであると同時に価値創造プロセスである。他方，オクトパスモデルは，インタンジブルズが示されているものの企業価値との因果関係が必ずしも明確でない。その他の価値創造プロセスは企業独自のものであるため，他社との比較が難しいという課題がある。戦略マップは，インタンジブルズを企業価値創造の出発点として，インタンジブルズと企業価値の因果関係を明確に示すことができる。

4．エーザイ株式会社のケース・スタディ

　本節では，価値創造とコミュニケーションのために統合報告書を戦略マップで開示しているエーザイ株式会社（以下，エーザイ）のケースを取り上げる。

4.1　リサーチサイトの概要

　エーザイは，主にニューロロジーと呼ばれる神経領域とオンコロジーと呼ばれるがん領域の二大領域の医薬品の研究開発，製造，販売および輸出入を行う企業である。全世界に製造拠点，研究拠点および営業拠点を持つグローバル企業である。2016年度の売上高は6,003億円，営業利益は711億円，当期純利益は544億円である。売上高に対する研究開発費率は，23.2%と高く，医薬品業界の特徴を表している。連結従業員数は10,456人で，その内の52.1%の5,443人は外国人である。

　同社は，2016年より中期経営計画「EWAY 2025」を開始した。「EWAY 2025」は，①「病気になりたくない，患っていれば早く知りたい，そして治りたい」に応える，②「住み慣れた場所，地域やコミュニティで自分の病気を管理し，予後[3]や老後を安心して過ごしたい」に応える，③「hhc（ヒューマン・ヘルスケア）ニーズに基づく立地（機会）が見出せ，それを満たすイノベーションが可能な事業分野」に集中するという3つのテーマからなる。①と②は，顧客ニーズの充足を目指すテーマであり，③はそのためにエーザイが行う事業活動を示している。

4.2　エーザイの統合報告書

　エーザイは，hhc（ヒューマン・ヘルスケア）理念と呼ばれる企業理念を定款に定めている。hhc理念は，「患者様とそのご家族の喜怒哀楽を第一義に考え，そのベネフィットに貢献する」（エーザイ，2017, p.4）ことである。エーザイ（2017, p.5）によれば，エーザイは患者への貢献といった社会価値だけでなく，経済価値も同時に実現するCSVの考えに近いという。一方で，同社の企業価値は，社会価値を高めることで経済価値を実現するという因果関係を想定している。伊藤・西原（2016）によれば，こうした考えはCSVとは少し異なり，CSRの結果として経済価値を追求するCSRと経済価値の和集合に近い概念である。このような企業価値に基づく社会価値と経済価値の因果連鎖が，戦略目標の因果連鎖を示す戦略マップの概念に近い。そこで，エーザイは価値創造プロセスを戦略マップで示している（エーザイ，2017, p.10）。

　同社のマテリアリティは，図10のマテリアリティ・マトリックスと呼ばれるマトリックス図を用いて，取り組むべき重要課題を示している。マテリアリティ・マトリックスは，縦軸に長期投資家にとっての関心，横軸に同社の事業へのインパクトをとり，「強い」から「非常に強い」までの尺度で重要課題を示している。

　戦略マップ構築には，戦略的に重要な戦略目標の設定が必要になる。同社では，図11の長期投資家にとっての関心が非常に高い重点課題を中心に戦略目標を設定し，戦略マップで価値創造プロセスを示している。

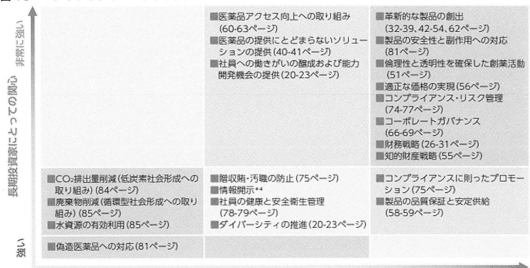

図10 マテリアリティ・マトリックス

出典：エーザイ（2017）p.3.

　同社の価値創造プロセスは，IIRCのフレームワークに準拠した6つの資本をビジネス・プロセスに投入して，戦略マップで資本をどのように企業価値へ変換するのかを示し，最終的に企業価値として6つの資本が創造される形となっている。同社の統合報告書の特徴は，価値創造プロセスに準拠した形で作成されていることである。具体的な特徴には，次の2点がある。第1に6つの資本を基礎に作られている点，第2にビジネス・プロセスを戦略マップで示し，戦略目標を記述しているページを示している点にある。

　第1の特徴について述べる。同社の統合報告書は6つの資本ごとに，所有している資本，目標や目標を達成するための取り組みが詳細に書かれている。

　財務資本は，CFOのメッセージで記述されており，ROEを15％に押し上げること中期経営計画の最終目標としている。

　製造資本は，グローバルな生産体制である。同社は，日本だけでなく，アメリカ，イギリス，中国，インド，インドネシアに製造拠点を持つ。

　知的資本は，20頁にもわたって詳細に記述しており，他の資本より詳しい。具体的には，ニューロロジーとオンコロジーの二大領域におけるプロジェクト計画および開発状況が示されている。プロジェクト計画では，同社が強みとする有機合成化学力，自社プロダクト力に基づいたプロジェクト計画が示されている。開発状況は，フェーズⅠからフェーズⅢ，申請および承認の5段階で示されている。また，他者との共同開発の医薬品については，共同開発および共同販促契約についてのオプション権をどちらが有しているかを示している。

　人的資本は，「グローバルタレントマネジメントポリシー」と呼ばれるhhc理念に基づいた人材の育成，登用，採用，職場風土の構築を目指している。エーザイでは，人材育成プログラムの構築，コンプライアンスによる人権の保護，働き方改革をはじめとする職場環境の整備を行っている。

　社会・関係資本は，社会貢献活動，パートナーシップ展開からなる。社会貢献活動では，疾病の予防と治療に関する研究に対して助成金を出すことで医療の発展に貢献している。ま

図11 エーザイの戦略マップ

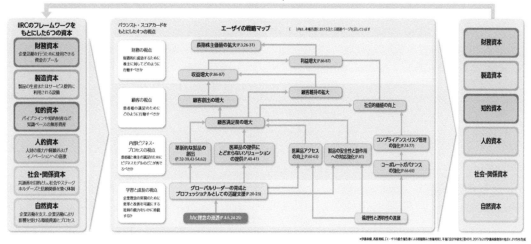

出典：エーザイ（2017）pp.10-11。

た，同社の製品を利用する患者や医療関係者に対して，「エーザイ hhc ホットライン」を開設し，製品使用の不安を解消し，適正使用を促している。パートナーシップの展開では，開発中の製品がどの企業と開発しているか，また提携内容を一覧で示している。

自然資本は，地球環境に配慮した事業活動として ISO 14001 に基づく活動を行っている。具体的には，CO_2 と水使用量の削減を掲げ，環境効率性の指標の一つである，CO_2 排出量あたりの売上収益を示している。

次に，第2の特徴であるエーザイの戦略マップについて説明する（図11）。同社の戦略マップは，戦略目標ごとにページ数が書かれており，具体的な活動が分かるように作られている。エーザイの戦略マップは，学習と成長の視点にイノベーションや顧客価値の向上に影響を及ぼすインタンジブルズとして，組織資産である「hhc 理念の浸透」，「hhc 理念の浸透」が描かれている。

5．考察

本節では，エーザイの統合報告について検討する。同社の統合報告には，戦略テーマに関わる課題，マテリアリティに関わる課題，報告書の作成者に関わる課題の3つが考えられる。それぞれ順に検討する。

5.1 戦略マップに関わる課題

第1の戦略マップに関わる課題には，卓越した業務の戦略テーマおよび顧客の視点に関する戦略目標の欠如という2点がある。それぞれの課題を掘り下げて検討する。

まず，卓越した業務の戦略テーマの欠如について検討する。エーザイの戦略マップは，内部ビジネス・プロセスの視点を見ると製品リーダーシップ，顧客関係性重視および社会と規制の3つの戦略テーマからなる。内部ビジネス・プロセスに示されている「革新的製品の創出」は，製品リーダーシップに関わる戦略目標である。「革新的製品の創出」については，主に知的資本の項目で記述しており，ニューロロジー

とオンコロジーの2代領域における新薬の開発状況に関する戦略目標である。医薬品業界では，新薬の開発は事業の中核である。

「医薬品の提供にとどまらないソリューションの提供」と「医薬品アクセスの向上」は，顧客関係性重視という戦略テーマに関する戦略目標である。具体的には，開発途上国，新興国の貧困層を対象に，フィラリア治療薬を約11億錠提供している。一般的な寄付とは異なり，中間所得者層の拡大とブランドの構築を目指している（エーザイ，2017，p.63）。つまり，医薬品の無償配布によって，新規顧客の開拓につなげようとしている。

「製品の安全性と副作用への対応強化」，「コーポレート・ガバナンスの強化」および「コンプライアンス・リスク管理」の強化は，社会と規制という戦略テーマに関わる戦略目標である。「製品の安全性と副作用への対応強化」は，医薬品のリスクとベネフィットに関する情報を医療従事者や患者に公表することで製品の適切な使用を促すものである。「コーポレート・ガバナンスの強化」および「コンプライアンス・リスク管理」は，ガバナンス体制を確立させ，製品の安全リスク，災害リスク，環境リスクおよび財務報告リスクといったさまざまなリスクに対応するための戦略目標である。

戦略マップは，製品リーダーシップ，顧客関係性重視，卓越した業務，社会と規制の4つの戦略テーマをバランス良く設定することが望ましい（Kaplan and Norton, 2004, p.80）。しかし，上述したように，同社の戦略マップは，「卓越した業務」の戦略テーマに関する戦略目標が欠如している。貧困層向けに大量の医薬品を無償配布している同社にとって，生産効率の向上といった卓越した業務は重要な戦略テーマである。

同社の中期経営計画である「EWAY 2025」では，5つのコア・アプローチとして，「ビジネスの効率性・生産効率の向上を図る」と掲げている[4]。そのために，開発からコマーシャルまで一貫して行う新たなビジネスグループを構築している（エーザイ，2017，p.19）。その他にも，同社は，生産性向上を一つの目標として働き方改革を推進している（エーザイ，2017，p.23）。統合報告書の社会・関係資本の項目では，効率性・生産性を高める手段として，パートナーシップの構築を掲げている（エーザイ，2017，p.23）。

このように，同社では，卓越した業務を無視しているわけではなく，中期経営計画の中で重要な事象としてあげており，むしろ積極的に取り組んでいる。加えて，統合報告書の中でも卓越した業務に関する取り組みについて記述している。効率性の向上や生産性の向上といった卓越し業務に関する戦略目標は，財務業績に影響を及ぼす重要な戦略目標である。したがって，戦略マップに記述することで，ステークホルダーは，より価値創造プロセスを理解することができる。

次に，顧客の視点の欠如について検討する。同社の戦略マップは，顧客の視点に「顧客創出の増大」，「顧客満足度の増大」，「顧客維持の拡大」および「社会的価値の向上」の4つの戦略目標が設定されている。エーザイの使命は，患者満足の増大である（エーザイ，2017，p.3）ことに鑑みれば，顧客の視点は重要である。しかし，統合報告書の中で，他の戦略目標は記述されているページ数が示されているが顧客の視点に関する戦略目標は記述されていない。

顧客満足に関する記述は，ソリューション事業の説明の中にある（エーザイ，2017，p.41）。ここでは，公益財団法人ヒューマンサイエンス振興財団による60疾患に対する治療満足度，薬剤貢献度のアンケート調査の結果が掲載されている。この記述は，あくまでも，調査結果なので将来目標は書かれていない。また，この調査は，医療従事者を対象とした調査である。同社の製品を購入するのは，医療従事者であるが，実際に使用する患者の満足度調査も必要である。

同社の戦略マップでは、顧客の視点の戦略目標が設定されているのにも関わらず、統合報告書の中では、「顧客満足度の増大」についてしか触れられていない。「顧客満足度の増大」の結果、どれだけ顧客を創出できるのか、また維持できるのかに関する記述をすることで、より理解しやすい統合報告書となる。

5.2 マテリアリティの考え方

第2の課題は、長期投資家にとっての関心でマテリアリティを捉えていることである。IIRC (2011) では、発生可能性と価値創造への影響度の2軸でマテリアリティを分析することを推奨している。一方で、エーザイでは、発生可能性ではなく長期投資家にとっての関心でマテリアリティを分析している。そのため、何が価値創造に影響を及ぼす発生可能性の高いリスクなのか、どのように管理しているのかを開示できていない。

リスクは、BSCを通じて、管理することができる（南雲, 2006; Kaplan, 2009）。南雲 (2006) は、従来型BSCのリスク管理のアプローチとして、KPIのKRI的な活用、アクションプランの実行プロセスにおけるリスク管理、リスク管理の戦略テーマ化、リスク関係部署のBSCを通じたリスク管理をあげている。そして、これらのアプローチと内部統制の枠組みであるCOSO (2004) のCOSO ERMとBSCとを統合したCOSO ERM統合型BSCを提唱した。COSO ERM統合型BSCは、まず、戦略マップの各視点にリスク管理を視野に入れたKPIを設定する。例えば、学習と成長の視点には、他の3つの視点でリスク管理を実施する上で必要なインタンジブルズのレディネスが設定される（南雲, 2006）。次に、戦略テーマごとのリスク管理に沿って戦略目標を設定する。最後に、戦略管理オフィスが戦略面を、リスク管理部がリスク面をモニタリングし、内部監査部が両者の相互牽制が働いているかどうかを検証する。従来のBSCでは、リスクの優先度を評価するプ

図12 リスク・スコアカード

事象の発生可能性	低	中	高
高	5	15	25
中	3	9	15
低	1	3	5

事象の結果の重要度

出所：Kaplan (2009).

ロセスが欠落しており、そのようなプロセスが必要である（南雲, 2006）。

リスクの評価プロセスに焦点を当てたのが、Kaplan (2009) である。Kaplan (2009) は、戦略マップにリスクを取り込むのではなく、戦略目標達成を妨げるリスクをリスク・スコアカードで管理できるという（図12）。リスク・スコアカードは、事象の発生可能性と重要度を1から5点で点数付けする。例えば、「戦略的職務群のレディネス達成」という戦略目標の場合、この戦略目標にかかるリスクとして離職率や効果のない訓練計画があげられる。このリスクをリスク・スコアカードで点数化する。そして、発生可能性と重要度の点数を掛け合わせたヒートマップスコアを求め、スコアが15点以上のリスクを軽減または予防する実施項目に優先的に資金配分を行う必要がある（Kaplan, 2009）。同社は、価値創造に影響を及ぼす発生可能性の高いリスクを開示できていないため、南雲 (2006) のCOSO ERM統合型BSCのように、戦略マップでリスクを開示する必要がある。また、リスクのマテリアリティ評価については、Kaplan (2009) のリスク・スコアカードを作成してヒートマップスコアを算定することで、リスクの優先順位を付けることができる。

ところで、エーザイの長期投資家にとっての関心事を軸にして分析されたマテリアリティの高い事象を戦略目標としている点は非常に興味深い。このように戦略目標を設定することで長

期株主投資家の価値を反映した戦略マップとなっている。戦略目標をどのように設定しているかを開示することで，ステークホルダーは戦略目標の重要性を理解することができる。同社は，「全てのステークホルダーズの皆様の長期の利益を創出することを前提とした上で，長期投資家の利益につながる関心事を特定し，優先的に取り組むことが企業価値最大化への最短距離」（エーザイ，2017, p.3）と考えている。そして，同社の戦略マップも長期投資家にとっての関心が非常に高い課題を戦略マップに戦略目標として設定している。内部ビジネス・プロセスの視点のすべての戦略目標は，長期投資家にとって関心の高い事象である。しかし，ステークホルダー価値を創造することが長期投資家の利益につながるかという前提が成立するかどうかは戦略マップだけでは明らかではない。そこで，長期投資家だけでなくすべてのステークホルダーの関心事で価値創造に関するマテリアリティを捉えるべきである。

5.3 統合報告書の作成組織

第3の課題は，統合報告書の作成組織に戦略企画室が参加していないことである。伊藤・西原（2016）の調査によれば，エーザイの統合報告書は，IR部，PR部，総務環境安全部の3つの組織によって作成されている。エーザイは，2014年度版はIR部がアニュアル・レポートとして統合報告書を作成しており，2015年度からは，ESG情報のE（Environment）を担当する総務環境安全部とS（Social）を担当するPR部と共同で統合報告書を作成している（伊藤・西原，2016）。つまり，エーザイの統合報告書は，株主価値，環境価値，社会価値に関する報告書を担当する3つの部署によって作られている。統合報告書を職能横断的な組織で作成している点は，非常に優れていると言える。

ここで，課題となるのが戦略を策定する戦略企画室が参加していないことである。統合報告の情報を完全なものにするためには，組織内の

さまざまな部署をつなげることが前提条件となる（WICI, 2013）。つまり，関連する部署がすべて関わって統合報告書を作成することが望ましい。同社では，株主価値に詳しいIR部と非財務指標に詳しい総務環境安全部とPR部が参加しているが，戦略を担当する部署が参加していない。これらの異なる情報に一貫性をもたせるためには，戦略に基づく記述が非常に重要となる。特に，価値創造プロセスは，戦略そのものを表している。戦略を策定する戦略企画室が主導して作成することで戦略に沿った一貫性のある統合報告書を作成することができる。

さらに，戦略企画室を巻き込むことで，構築した価値創造プロセスを企業内部つまり，戦略管理に使える可能性がある。なぜならば，同社は，価値創造プロセスを戦略マップで示しているからである。戦略企画室が主導となって戦略マップを作成することで，第3節で検討したように，全社および事業部の戦略目標が明確になり戦略管理に用いることができる。

6．まとめ

本論文では，価値創造プロセスにおけるインタンジブルズの役割について検討を行った。検討の結果，次の3点を明らかにした。

第1に，価値創造プロセスを4つのタイプに分類した点である。先行研究から創造される企業価値には株主価値とステークホルダー価値とがあり，企業価値と資産の関係には構成要素を記述するタイプとドライバーを記述するタイプがあることが分かった。

第2に，リスクに関するマテリアリティの考え方を明らかにした点である。同社では，発生可能性ではなく，マテリアリティを長期投資家にとっての関心で捉えている。つまり，発生可能性が高く価値創造に影響を及ぼすリスクが明らかにされない。そこで，Kaplan（2009）のリ

スク・スコアカードを用いてリスクの優先順位を付けるべきである。そして，優先順位の高いリスクについては，南雲（2006）のCOSO ERM統合型BSCのように，リスク管理を戦略マップに取り込むべきである。

また，長期投資家にとっての関心で捉え戦略目標としている点は，新しい知見である。しかし，長期投資家に限定するのではなく，ステークホルダー全体に影響を及ぼす課題を特定し，戦略マップに反映させるべきである。

第3に統合報告は，戦略企画室といった戦略を策定する組織が中心となって作成すべきことを明らかにしたことである。同社は，統合報告書の作成組織に戦略企画室が参加していないことである。同社は，財務指標に詳しいIR室，非財務情報に詳しい総務環境安全部およびPR部が統合報告書を作成している。統合報告は，価値創造や戦略に関する情報からなる。したがって，戦略を策定する戦略企画室が主導することで，戦略に沿った一貫した情報をステークホルダーに提供することができる。さらに，価値創造プロセスを戦略マップで作成している場合，戦略企画室が主導になることで戦略管理にも有用な戦略マップになる可能性がある。

注
(1) 櫻井（2010）は，stakeholderとshareholderとを対立軸で捉えようとする見解の裏付けを取ることはできなかったが，この見解は説得力があると述べている。
(2) Edvinsson and Malone（1997）は，インタンジブルズを階層的に分解している。まず，従業員が退社すると企業に残らない属人的な人的資産と退社後も企業内の残る構造資産に分類している。さらに，構造資産を顧客に紐づけできる顧客資産と企業構造に紐づけられる組織資産に分類している。
(3) 予後とは，病気の経過についての医学的な見通しのことである。
(4) https://www.eisai.co.jp/company/glance/index.html（2018年6月22日アクセス）

引用文献
Boulton, R., B. Libert and S. Samek (2000) *Cracking The Value Code*, HarperBusiness.（アーサーアンダーセン訳『バリューダイナミクス』東洋経済新報社，2000年）
Danish Ministry of Science, Technology and Innovation (2003) *Intellectual Capital Statements: The New Guideline*, DMT.
Donovan, J., R. Tully and B. Wortman (1998) *The Value Enterprise: Strategies for Building a Value-based Organization*, McGraw-Hill.（デロイト・トーマツ・コンサルティング戦略事業部訳『価値創造企業―株主，従業員，顧客，全ての満足を最大化する経営改革』日本経済新聞社，1999年）
Drucker, P. F. (1954) *The Practice of Management*, Harper & Row, Publishers, inc.（上田惇生訳『現代の経営 上』ダイヤモンド社，1996年）
Edvinson, L. and M. S. Malone (1997) *Intellectual Capital*, Harper Collins Publishers Inc.（高橋透訳『インテレクチュアル・キャピタル―企業の知力を測るナレッジ・マネジメントの新財務指標』日本能率協会マネジメントセンター，1999年）
Freeman, R. E., J. S. Harrison and A. C. Wicks (2007) *Managing for Stakeholders: Survival, Reputation, and Success*, Yale University Press.（中村瑞穂監訳『利害関係者志向の経営：存続・世評・成功』白桃書房，2010年）
Heskett, J., O. Jones, W. Loveman, W. Sasser and A. Schlesinger (1994) "Putting the Service-Profit Chain to Work," *Harverd Business Review*, March-April, pp.164-170.
IIRC (2011) *Prototype of The International ⟨IR⟩ Framework*, International Integrated Reporting Council.
―― (2013) *The International ⟨IR⟩ Framework*, International Integrated Reporting Council.（日本公認会計士協会訳『国際統合報告フレームワーク日本語訳』，2014年）
Kaplan, R. S. and D. P. Norton (2004) *Strategy Maps*, Harvard Business School Press.（櫻井通晴・伊藤和憲・長谷川惠一監訳『戦略マップ―バランスト・スコアカードの新・戦略実行フレームワーク』ランダムハウス講談社，2005年）
―― and D. P. Norton (2006) "The Office of Strategy management," *Harverd Business Review*, March, pp.100-109.
―― (2009) "Risk Management and the Strategy Execution System," *Balanced Scorecard Report*, Vol.11, No.6.
KPMG (2018)『日本企業の統合報告書に関する調査2017』KPMGジャパン 統合報告センター・オブ・エクセレンス。
Lev, B. (2001) *Intangibles: Management, Measurement, and Reporting*, The Brookings Institution Press.（広瀬義州・櫻井久勝監訳『ブランドの経営と会計』東洋経済新報社，2002年）

―― and F. Gu (2016) *The End of Accounting and the Path Forward for Investors and Managers*, Wiley. (伊藤邦雄監訳『会計の再生：21世紀の投資家・経営者のための対話革命』中央経済社，2018年)

Mckinsey & Company (2010) *Valuation: Measuring and Managing the Value of Companies*, John Wiley & Sons.（マッキンゼー・コーポレート・ファイナンス・グループ訳『企業価値評価：バリュエーションの理論と実践』ダイヤモンド社，2012年)

MERITUM (2002) *Guidelines for Managing and Reporting on Intangibles*（*Intellectual Capital Reporting*），European Commission.

Solomons, D.（1965）*Divisional Performance: Measurement and Control*, Irvin.（櫻井通晴・鳥居宏史監訳『事業部制の業績評価』東洋経済新報社，2005年)

WICI (2013) *Connectivity Background Paper for 〈IR〉*. (WICI訳『統合報告〈IR〉のための相互結合性に関するバックグラウンドペーパー』WICIジャパン，2018年)

伊丹敬之（1987）『人本主義企業—変わる経営，変わらぬ原理』筑摩書房。

伊藤和憲（2016）「統合報告書に基づく価値創造プロセスの比較研究」『専修商学論集』Vol.103, pp.19-37。

――・関谷浩行（2016）「インタンジブルズと企業価値に関わる理論的モデルの構築」『会計学研究』Vol.42, pp.1-32。

――・西原利昭（2016）「エーザイのステークホルダー・エンゲージメント」『産業經理』Vol.76, No.2, pp.39-51。

エーザイ（2017）『統合報告書2017』エーザイ株式会社。

経済産業省編（2005）『知的資産経営の開示ガイドライン』経済産業省。

櫻井通晴（2009）「ステークホルダー理論からみたステークホルダーの特定：コーポレート・レピュテーションにおけるステークホルダー」『専修経営研究年報』Vol.34, pp.93-113。

南雲岳彦（2006）「戦略管理とエンタープライズ・リスク管理の統合アプローチ―BSCとCOSO ERMの統合フレームワークの検討―」『管理会計学』Vol.14, No.2, pp.41-53。

査読論文

統合報告における価値創造プロセスに関する一考察
――DKSの事例を用いて――

李　会爽
（福岡大学大学院商学研究科博士後期課程）

要　旨

　本論文は，オクトパスモデルよりもより優れた価値創造プロセスの可視化の手段があるのではないかという仮説について検討し，第一工業製薬株式会社（DKS）の事例を用いて検証したものである。本論文では，次の3つの発見事項がある。

　第1に，統合報告および統合報告が登場する以前から存在している6つの価値創造プロセスのフレームワークについて内容を比較検討することで，それぞれの特徴と限界を明らかにした。本研究の場合，3つのメルクマール，すなわち，①インタンジブルズには人的資産，情報資産および組織資産がある，②非財務情報と財務情報が因果関係で結びついている，および③戦略と結びついている，を満たしたときに，価値創造プロセスが網羅性と戦略性が満たされるかの点から考察した。

　第2に，情報開示および開示情報の内部利用の観点から価値創造プロセスの可視化を検討した場合，現時点で最も優れたモデルは，オクトパスモデルと「BSC（Balanced Scorecard：バランスト・スコアカード）による戦略マップ」を融合するモデルを構築することで価値創造プロセスを可視化することに帰着することを明らかにした。

　第3に，DKSの統合報告書を分析し，訪問調査を行うことで，統合報告の本質を検討することを試みた。その結果，価値創造プロセスの中心に戦略マップを据えることで，統合報告書は，当該企業の情報開示だけでなく戦略策定のための情報利用の手がかりにもなり得ることを，図表を用いて明らかにした。

キーワード：価値創造プロセス，オクトパスモデル，BSC，戦略マップ，情報開示，情報利用

（査読：2019年8月審査受付/2019年9月掲載決定）

1．はじめに

昨今，決算情報だけでなく，意思決定の仕組みやCSR（Corporate Social Responsibility：企業の社会的責任）を守る活動についての情報をまとめて「統合報告書」を作り，投資家など外部ステークホルダーへの情報開示を充実させる企業が増えている。宝印刷グループのディスクロージャー＆IR総合研究所によると，財務情報だけでなく，非財務情報を統合した統合報告を発行する日本企業の数は，2017年末に411社に達し，2016年よりも20％増加したという（日本経済新聞2018年4月21日朝刊）[1]。この背景には，従来から存在する財務情報だけでなく，環境や社会，ガバナンスといった非財務情報も重視するESG（Environment, Social and Governance：環境，社会，ガバナンス）投資家が増加していることが指摘されている（同上，2018年7月11日電子版）。何より，外部ステークホルダーや投資家が実際に統合報告書を読むようになれば，企業は統合報告の開示内容の充実に注力しなければならなくなってきたといえよう。

国際統合報告評議会（International Integrated Reporting Council：IIRC）による統合報告では，統合報告の3つの基本概念を，価値創造，6つの資本および価値創造プロセスとしている（IIRC, 2013）。これらの中で最も中心となる要素が価値創造プロセスであり，その質を明らかにするために，IIRCによる統合報告では価値創造プロセスを「オクトパスモデル」で可視化している。

しかし，現在のオクトパスモデルは，情報開示には役立つが，企業の戦略策定のための開示情報の内部利用には十分に役立つことができないのではないかというのが，本稿の問題提起である。価値創造プロセスはどのような変遷，見解を経てオクトパスモデルにたどり着いたのだろうか。そして，オクトパスモデルは価値創造プロセスの可視化の観点から捉えたとき，まだ完成されたモデル図に至っていないのではないだろうか。そこで，本稿の目的は，オクトパスモデルよりもより優れた価値創造プロセスの可視化の手段があるのではないかという仮説について検討し，検証することにある。

第2節では，統合報告が登場した背景について述べる。第3節では，統合報告および統合報告が登場する前から存在している6つの価値創造プロセスのフレームワークについて内容を検討した先行研究を説明し，未解決の問題を明らかにする。第4節では，前節で紹介したそれぞれのフレームワークの特徴，長所，短所を3つのメルクマールの観点から分析・整理することで，残されていた課題について探る。さらに第5節では，情報開示およびステークホルダー・エンゲージメントを通じた情報利用の観点から価値創造プロセスの可視化を検討した場合，現時点で最も優れたモデルは，オクトパスモデルと「BSC（Balanced Scorecard：バランスト・スコアカード）による戦略マップ[2]」を統合するモデルを構築することで価値創造プロセスを可視化することに帰着することを本稿では提案する。第6節では，第5節で提案した理論とモデルを前提として事例研究を行った。事例研究を行う場合，公表されている統合報告から，情報開示だけでなく情報利用まで行き着くことができるかを考察する必要があると捉えた。そこで本稿では，DKSの統合報告書を分析し，訪問調査を行うことで，統合報告の本質を検討することを試みた。その結果，価値創造プロセスの中心に戦略マップを据えることで，統合報告書は，当該企業の情報開示だけでなく戦略策定のための情報利用の手がかりにもなり得ることを，図表を用いて提案する。最後に本稿をまとめる。

2．統合報告が登場した背景とその概要

本稿では，まず統合報告が登場した背景について説明する。次に統合報告の概要として2つの基本概念があることを説明する。

2.1 統合報告が登場した背景

統合報告の従来の会計情報開示の観点から考えると，会計に関わる外部への情報開示は財務会計の領域であり，過去の財務情報を中心に行われてきた。開示対象は企業の投資家であり，企業のアニュアル・レポートが最も重視されていた報告書である。しかし，1990年代から2000年代前半にかけて，過去の財務業績を報告するアニュアル・レポートだけでは，投資家が行う将来の意思決定にとって不十分であるという認識が広がってきた。投資家が適切な投資意思決定を行うためには，会計情報だけではなく，企業の中期経営計画を総合的に判断した上で，環境問題，社会問題，およびガバナンスへの配慮も検討しなければならない。それゆえ，アニュアル・レポートの情報開示だけでは投資家の意思決定としては不十分であるため，ESG情報の開示が求められてきた。これら非財務情報の開示対象は投資家および他のステークホルダーである。

同時に，企業では環境報告書やCSR報告書，あるいは持続可能性報告書（Sustainability Report：SR）によって，任意に非財務情報の開示を行う企業が増加してきた（伊藤，2017 a，p.194）。しかし，「変化する情報ニーズに応えるのに必要な仕組みが構築されつつあるが，今日，報告は混乱し，散乱し，断片化している」（IIRC，2013，p.4）とされている。なぜならば，アニュアル・レポートと持続可能性報告書は通常別々の部署で作成されるため，情報には一貫性がなく，ステークホルダーに誤解を与えていることが考えられるからである。そこで，財務情報と非財務情報に一貫性を持たせた開示が求められる。その期待の応えたのが，IIRCの国際統合報告フレームワークである。IIRCの国際統合報告フレームワークが公表されて以来，近年，日本での統合報告書の作成，および公表する企業が急激に増えている[3]。

2.2 統合報告の3つの基本概念

では統合報告とはどのようなコンセプトからできているのだろうか。IIRCによれば，統合報告には3つの基本概念がある。第1に，価値創造を，「企業の事業活動とアウトプットによって資本の増加，減少，変換をもたらすプロセス」であると定義している。第2に，①財務資本，②製造資本，③知的資本，④人的資本，⑤社会・関係資本，⑥自然資本の6つの資本から構成される。第3に，価値創造プロセスをオクトパスモデルによって可視化している（図1）。

IIRCによるオクトパスモデルによって描かれた価値創造プロセスには，期首と期末に6つの資本がある。期首の資本が企業にインプットされ，一連の事業活動を行い，そして，アウトプット，アウトカムされている。このプロセスは，企業の外部環境を考慮しないといけないし，企業ガバナンスを基に，リスクと機会，戦略と資源，実績そしてその見通し，すべてを念頭に行われている。企業が策定した戦略を具現化したものが価値創造プロセスであり，そうした戦略の実行がリスクを伴うとき，それも開示する必要がある。この価値創造プロセスをオクトパスモデルとして可視化している。

もっとも，価値創造プロセスを描く方法はオクトパスモデルだけではない。価値創造プロセスは，統合報告が登場する前から，戦略マップ，5つの知的資本報告書およびガイドラインといった形式ですでに検討されていた。したがって，これらの情報開示方法があったにも関わらず統合報告に至った理由があるのであれ

図1 オクトパスモデル

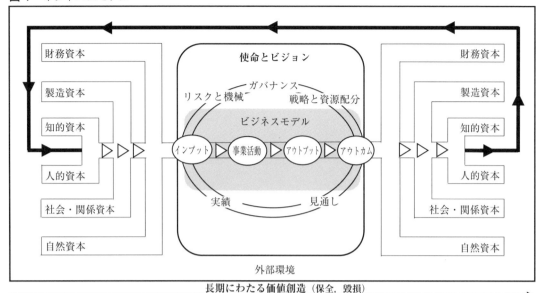

出典：IIRC（2013）p.13.

ば，それを明らかにしておく必要がある。そこで次節では，統合報告および統合報告が登場する前から存在している6つの価値創造プロセスのフレームワークについて内容を検討した西原（2018）の先行研究を説明し，その上で未解決の課題を明らかにする[4]。

3．価値創造プロセスのフレームワークに関する先行研究と未解決の課題

3.1 西原（2018）によるフレームワークの先行研究

西原（2018）は1990年前後からはじまり，相互に影響を受けつつ今日に至るまでのインタンジブルズに基づく7つの価値創造プロセスのフレームワークを紹介している。具体的には，戦略マップ，5つの知的資本報告書およびガイドライン（スカンディア・ナビゲーター，MERITUMガイドライン，PRISMプロジェクト，デンマーク知的資本報告書ガイドライン，知的資産経営の開示ガイドライン），および国際統合報告フレームワークの合計7つである。

西原（2018）は，インタンジブルズに焦点を絞ると，BSC[5]の影響を受けたスカンディア・ナビゲーターが，それ以降のMERITUMガイドライン，PRISMプロジェクト，およびデンマーク知的資本報告書ガイラインに影響を与えていると指摘した。また，日本の知的資産経営の開示ガイドラインは，このような知的資本報告書ガイドラインの国際的な動向を踏まえつつ作成されたものである。ただその後，2000年代後半に入ると，このようなフレームワークの研究は，ほとんど進展がみられなくなったと西原（2018）は指摘している。

ところが，国際統合報告フレームワークが公表されて以来，統合報告を用いて，インタンジブルズに基づく価値創造プロセスについて考察する機会が再び巡ってきた（西原，2018，pp.80）。西原（2018）では，この7つのフレームワークを取り上げ，①インタンジブルズ構築の狙い，②インタンジブルズの価値創造への役立ち，③インタンジブルズのマネジメントの要点，の3つの観点から整理している（表1）。

表1　各フレームワークの論点比較表

取り組み		論点1 インタンジブルズ構築の狙い	論点2 インタンジブルズの価値創造への役立ち	論点3 インタンジブルズのマネジメントの要点
バランスト・スコアカード（BSC）， （出典：Kaplan and Norton, 2004)		・無形の資産を持続可能な価値創造の究極的な源泉と位置づける。 ・無形の資産を戦略に方向づけることによって戦略目標を達成する価値創造プロセスを可視化する。	（価値創造プロセスモデル） 財務の視点（経済価値） ↑ 顧客の視点（顧客への価値提案） ↑ 内部ビジネス・プロセスの視点 （価値創造） ↑ 学習と成長の視点（人的，情報，組織資産）	・無形の資産を戦略に方向づけるという戦略との関係を重視 ・無形の資産相互の関係，無形の資産と有形資産との関係にも着目 ・無形の資産と財務業績との関係は間接的
知的資本報告書およびガイドライン	スカンディア・ナビゲーター （出典：Edvinsson and Malone, 1997）	・知的資本を持続可能な価値創造を実現させる企業の能力と位置づける。 ・企業の将来をナビゲートするツールとして，知的資本報告書を開示する。	（価値創造プロセスモデル） 財務焦点 ↑↓ 顧客焦点 ⇔ 人的焦点 ⇔ プロセス焦点 ↑↓ 革新・開発焦点	・知的資本と企業のビジョン，戦略の実行との関係を重視する。
	MERITUMガイドライン （出典：MERITUM Project, 2002）	・競争優位の源泉としてのインタンジブルズを認識，測定，管理するためのフレームワークを提供する。 ・インタンジブルズの開示情報に関する基準を明示する。	（価値創造プロセスモデル） 価値創造 ↑ 戦略目標 ↑ 重要なインタンジブルズ ↑ 無形の資源　無形の活動	・インタンジブルズのもつ動的な機能（無形の活動）に着目。
	PRISMプロジェクト （出典：Eustace, 2003ほか）	・経済的な価値や富の源泉は知的資産を創造，獲得，利用することにあるという，インタンジブルズを価値源泉と位置づけた新しい企業像と評価の仕組みの必要性を提言する。	（価値創造プロセスモデル） 価値創造 ↑ 有形財・無形財→リーダーシップ ←無形コンピテンス無形財・無形潜在能力	・インタンジブルズに対する投資活動（研究開発投資，知的財産権の活用など）を重視。
	デンマーク知的資本報告書ガイドライン （出典：Danish Ministry of Science Technology and Innovation, 2003ほか）	・知識は企業の競争力の決め手となる組織の行動能力，潜在的な力である。 ・企業が製品やサービスをユーザーに提供することを可能にする知識のマネジメント戦略の策定・実践と，その成果の開示を行う。	（価値創造プロセスモデル） 評価指標（ナレッジマネジメントの評価） ↑ 実施項目（取り組むべき具体的な項目） ↑ マネジメントの課題（強化すべき知的資本） ↑ ナレッジ・ナラティブ（ナレッジマネジメント戦略）	・ナレッジマネジメントが企業の理念や戦略をどのように反映しているかに着目。

知的資産経営の開示ガイドライン（出典：経済産業省編，2005）	・知的資産は企業価値を高める固有の能力，潜在的な力である。 ・知的資産の組み合わせによる価値創造（知的資産経営）についての開示を行う。	・自社のもつ強みや差別化の源泉を把握したうえで，価値創造の全体像をカスタマイズされた方法で順序立てて示し，ステークホルダーに開示する（価値創造プロセスは百社百様であるため，モデルの提示はなし）。 ・開示する内容は，基本的な経営哲学，経営方針・ビジョン，価値創造のやり方，知的資産に対する投資，将来の利益やキャッシュフローなどである。	・知的資産経営の開示が経営全体の基本的な指針を示すものになるようにするため，企業の基本的な経営哲学（経営理念，目標）の理解と共有を重視。
国際統合報告フレームワーク（出典：IIRC, 2013）	・インタンジブルズを価値の蓄積としての資本を構成する要素とする。 ・事業活動を通じて増幅したり，変換したりする資本の変化をベースにした価値創造プロセスを開示する。	（価値創造プロセスモデル） （インプット）　　（アウトプット） 財務資本　　　　　財務資本 製造資本　　　　　製造資本 知的資本⇒ビジネス・モデル⇒知的資本 人的資本（変換プロセス）人的資本 社会・関係資本　　社会・関係資本 自然資本　　　　　自然資本	・組織の戦略が価値創造にどのように影響するかについての明確な情報を提供することを重視する。

出典：西原（2018）p.78

3.2　西原（2018）の貢献と残された課題

西原（2018）は次の3点を確認することができたとしている。第1に，インタンジブルズ構築の狙いについては，7つのフレームワークのすべてが，インタンジブルズは企業の持続的な価値創造における競争優位の源泉，ないし価値を生む企業の能力であるとの認識で一致していた。また，7つのフレームワークは，インタンジブルズを価値創造プロセスの中に明確に位置づけていた。

第2に，インタンジブルズの価値創造への役立ちについては，どのフレームワークも，インタンジブルズを戦略と関係づけることが強調されていた。また，インタンジブルズを有形資産や他のインタンジブルズと結びつけることによって，企業の価値創造能力を高めることができるという考え方が示されていた。

第3に，インタンジブルズのマネジメントは，インタンジブルズを戦略と関係づけることがポイントになることがわかった。インタンジブルズを戦略と結びつけることによって，インタンジブルズが価値創造（財務業績を含む）のドライバーになるという考え方である。さらに，インタンジブルズ相互の関係に着目して，価値創造のドライバーとなるインタンジブルズを創造し，蓄積することが重要なことも理解することができた。このように，インタンジブルズと戦略との関係，インタンジブルズ相互の関係，および財務業績との関係，といった3つの関係性を十分考慮することが，インタンジブルズのマネジメントの要点になるものと考えられる。

一方，西原（2018）には未解決の課題も残されている。西原（2018）は「国際統合報告フレームワークの基本概念に準拠して作成された統合報告書は，オクトパスモデルと呼ばれる価値創造プロセスを通して，インタンジブルズの情報開示と戦略策定への情報利用に十分役立つと考えられる。」と指摘している。ところが，少なくとも2つの問題がある。第1に，オクトパスモデルと呼ばれる価値創造プロセスは「実際に作成することができず，企業がオリジナル

図2 本研究で用いる価値創造プロセスに必要な3つのマルクマール

①インタンジブルズには人的資産，情報資産および組織資産がある。
②非財務情報と財務情報が因果関係で結びついている。
③戦略と結びついている。

出典：筆者作成。

で作成しているケースが多い」（伊藤，2017 a, p.198）という問題である。すなわち，現在のオクトパスモデルによる価値創造プロセスは，実行可能性の段階で不具合があるということである。その結果，統合報告を行うにあたり，必ずしもすべての内容をIIRCに準拠するのではなく，企業にとって最適なものを採用するという考え方に沿うことになる。あるいは，オクトパスモデルを選択しないという選択肢もあり得ることになる。西原（2018）では，この点について検討がなされていなかった。

第2に，統合報告では価値創造プロセスをオクトパスモデルで開示することを提案している。ところが，統合報告が登場する前から存在している6つの価値創造プロセスのフレームワークの内容に比べて，どんな点で優位に立っているのかについては十分に検討されていなかった。これらの残された課題について，次節では筆者の問題意識と解決策について述べる。

4．価値創造プロセスを整理する3つのメルクマール

筆者は，価値創造プロセスとは，企業目的が価値創造を行うことを前提とした場合，ミッションやビジョンを実現するために可視化されたプロセスであると考える。これに基づくと，価値創造プロセスは，次の3つのメルクマール（要件）を満たしたときに，網羅性と戦略性が満たされると考える（図2）(6)。

第1に，インタンジブルズを網羅していること

とである。Kaplan and Norton（2004）によると，インタンジブルズは組織資産，情報資産，人的資産の3つに分けられると考えられる(7)。価値創造プロセスには，この3つのインタンジブルズを網羅しなければならない。

第2に，非財務情報と財務情報が因果関係で結びついていることである。企業目的が価値創造を行うことを前提とした場合，非財務情報であるインタンジブルズは，ただ開示するだけでは意味がなく，財務情報と結びついてこそ意味がある。すなわち，非財務情報は，複数の評価指標が因果関係を形成しながら最終的には財務業績へとリンクしていくことで情報の網羅性が形成されていく。

第3に，戦略と結びついていることである。Kaplan and Norton（2004）は「インタンジブルズを有効活用して最大の企業価値を創造するには，戦略への方向づけが必要である」と述べている。また，櫻井（2012）も「企業の価値創造は，状況（競争，価格，組織，時代背景，資源の保有状況など）と戦略によって決定される（インタンジブルズの状況と戦略の関係で検討することが必要）。」としている。すなわち，インタンジブルズは戦略と結びついてこそ意味があると考えられる。

以上を，価値創造プロセスの構成要素を把握するためのメルクマールとする。西原（2018）は，価値創造プロセスの中に含まれている構成要素を戦略の観点からは検討を行っていたが，網羅性の観点からは検討していなかった。そのため，この7つのフレームワークのうち，企業がどのフレームワークを採用すればよいのかについて検討されていなかった。そこで，戦略マップ，5つの知的資本報告書およびガイドライン，国際統合報告フレームワークの価値創造プロセスは，これらのメルクマールを満たしているかどうかを検討する。

4.1　BSCによる戦略マップ

BSCは，Robert S. KaplanとDavid P. Norton

が，1990年代に開発したマネジメント・システムである。当時のBSCは財務的指標偏重であった従来の業績測定システムに非財務的指標をバランスよく取り入れた業績評価マネジメント・システムであった。BSCは，4つの視点から構成される。1つは財務的指標としての財務の視点である。それ以外は，非財務的指標であり，学習と成長，内部プロセス，顧客という3つの視点である。BSCは，ニーズの高まりに合わせて徐々に改良が加えられていった。現在，BSCは財務業績の向上だけではなく，顧客満足度の向上，内部プロセスを見直すことによる業務の改善，従業員の学習と成長の促進といった総合的な視点をもつ，戦略的マネジメント・システムに進化を遂げた。BSCによって，戦略の実行だけではなく，その策定にも役立ち，それらを可視化することができるようになったといえる。

BSCは次のような理由で，価値創造プロセスの3つのメルクマールを満たしている。第1に，①インタンジブルズには「人的資産，情報資産および組織資産がある」については，戦略マップの「学習と成長の視点」において，人的資本，情報資本，組織資本があげられている。前述したように「資本」は「資産」と読み換えられるので，インタンジブルズを網羅していることが分かる。

次に，「②非財務指標と財務指標が因果関係で結びついている」については，学習と成長，内部プロセス，顧客という3つの視点が非財務的指標であり，これらが最終的に財務的指標としての財務の視点に繋がっている。

最後に，「③戦略と結びついている」については，戦略マップは戦略的マネジメント・システムであり，戦略をもとに作成されたといっても過言ではないため，戦略と結びついている。以上のメルクマールを内包しているのが図3である。

4.2 スカンディア・ナビゲーター（1997）

Edvinsson and Malone（1997）のスカンディア・ナビゲーターは，企業の将来をナビゲートするツールとして，知的資本報告書を開示すると考え，知的資本の価値を正確に測定し，実用的な形で提示することができる報告システムを開発することを目的とする。スカンディア・ナビゲーターには価値創造プロセスがある（図4）。

図4に示される内容から，財務指標と非財務指標が因果関係で結びつけられているので，メルクマール②は満たしている。他方，スカンディア・ナビゲーターの価値創造プロセスは，情報資産が示されていないため，すべてのインタンジブルズ（人的・情報・組織資産）を網羅してない。また，戦略との結びつきが十分に見えない。したがって，価値創造プロセスのメルクマール①と③を満たしていないと考えられる。

4.3 MERITUM Project（2002）

MERITUM Project（2002）のMERITUMガイドラインは，インタンジブルズの開示情報に関する基準を明示し，資本の提供者たちが投資の機会に関係した将来の便益とリスクを効果的に見積もることができる報告書の作成と開示のプロセスを手助けすることを目的としている。MERITUMガイドラインにも価値創造プロセスがある（図5）。

図5で示されているように，企業とビジョンの部分にある「重要なインタンジブルズ→戦略目標」が概念的であることが示されている。したがって，戦略への方向づけであるメルクマール③は満たされている。MERITUMの価値創造プロセスは人的資本，構造的資本および関係的資本の3つをあげているが，構造的資本と関係的資本の分類で，すべての資本を網羅したかは不明である。したがって，メルクマール①は満たされていないと考えられる。MERITUM（2002）はインタンジブルズを「資源としての

図3 戦略マップによる価値創造プロセス

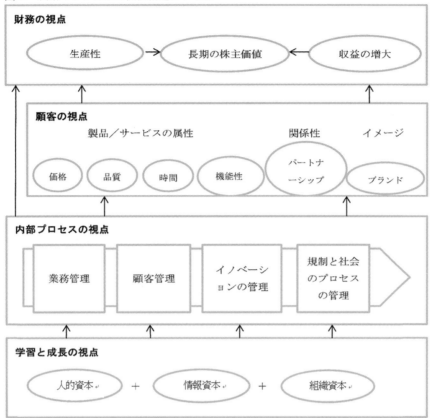

出典：Kaplan and Norton（2004）p.31.

インタンジブルズ」と「活動としてのインタンジブルズ」に分けているが，区別する基準が明確でなく，実際に分けることは困難である。また，財務情報と非財務情報の結びつきが見えないため，メルクマール②は満たされていない。

4.4 PRISIM Project（2003）

Eustace（2003）ほかのPRISMプロジェクトは，経済的な価値や富の源泉が知的資産を創造，獲得，利用することにあるという。インタンジブルズを価値源泉と位置づけた新しい企業像と評価の仕組みの必要性を提言することを目的としている。PRISMプロジェクトには価値創造プロセスがある（図6）。

PRISMプロジェクトの価値創造プロセスは，インタンジブルズとして組織資産「リーダーシップ」だけ考慮され，他の人的資産，情報資産等が描かれていない。インタンジブルズの網羅性（メルクマール①）に欠けている。また，図6で示したように，財務の視点が明らかでなく，財務指標と非財務指標の結びつきが弱い。さらに，戦略との結びつきが見えないため，PRISIMプロジェクトの価値創造プロセスはメルクマール①，②および③，すべてを満たしてないと考えられる。

4.5 デンマーク知的資本報告書ガイドライン（2003）

Danish Ministry of Science, Technology and Innovation（2003）ほかのデンマーク知的資本報告書ガイドラインは企業が製品やサービスをユーザーに提供することを可能にする知識のマ

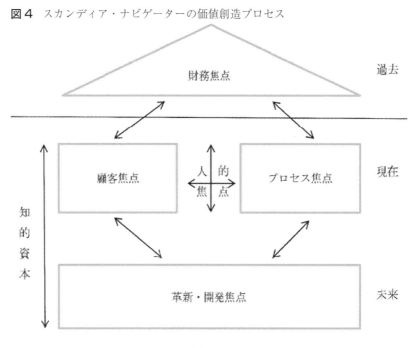

図4 スカンディア・ナビゲーターの価値創造プロセス

出典：Edvinsson and Malone（1997）p.68.

ネジメント戦略の策定・実践と，その成果を外部に向けて報告することを目的としている。このデンマーク知的資本報告書ガイドラインにも価値創造プロセスがある（図7）。

デンマーク知的資本報告書ガイドラインは，知識のマネジメント戦略の策定・実践と，その成果を外部に向けて報告することという視点から，メルクマール③戦略との結びつきは満たされていると考えられる。

他方，インタンジブルズの網羅性（メルクマール①）および情報の網羅性（メルクマール②）は満たされていない。図7で示したように，価値創造プロセスは4つの部分に分けられている。「知識の物語」と「マネジメントの課題」の2つの部分は開示されてもよいが，「実施項目」と「評価指標」を開示することは企業価値創造に損失をもたらすと筆者は考えている。また，「知識の物語」と「マネジメントの課題」だけを開示すると，この2つの指標だけでインタンジブルズを網羅することはできな

い。さらに，財務指標と非財務指標の結びつきが見えない。以上から，メルクマール①および②は満たされていない。

4.6 知的資産経営開示ガイドライン（2005）

日本経済産業省（2005）に発表された知的資産経営の開示ガイドラインは，知的資産は企業価値を高める固有の能力，潜在的な力であると指摘し，知的資産を活用した経営に関する情報開示の指針とすることを目的としている。特徴として，知的資産経営の開示ガイドラインには価値創造プロセスがないという欠点がある。

4.7 国際統合報告フレームワーク（2013）

最後に，財務情報と非財務情報に一貫性を持たせた開示が求められ，その期待に応えて登場したのがIIRCの国際統合報告フレームワークである。

IIRCの国際統合フレームワークでは，統合報告は，「組織の戦略，ガバナンス，業績，将

図5　MERITUM の知的資本報告書モデル（価値創造プロセス）

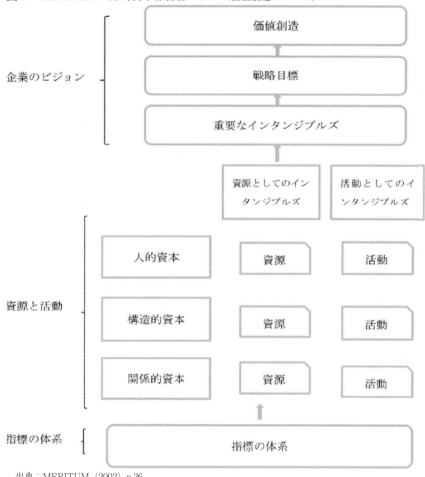

出典：MERITUM（2002）p.26.

図6　PRISM プロジェクトの価値創造プロセス

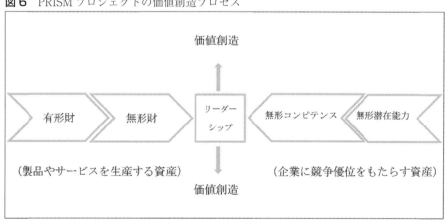

出所：Holtham and Youngman（2002）p.6.

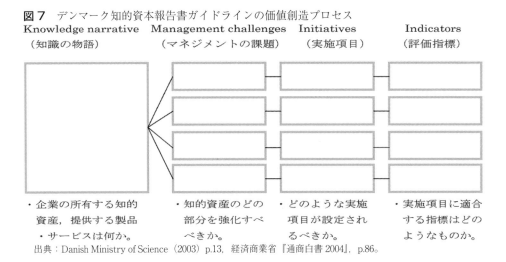

図7 デンマーク知的資本報告書ガイドラインの価値創造プロセス

出典：Danish Ministry of Science (2003) p.13, 経済商業省『通商白書2004』, p.86。

来見通しが組織の外部環境の下で，いかに短期・中期・長期の価値創造に導くかについての簡潔なコミュニケーションである」(IIRC, 2013, p.7) と定義されている。加えて統合報告の目的を，「組織が長期にわたって価値をいかに創造するかについて，財務資本の提供者に説明することである」(IIRC, 2013, p.8) としている。このことから，IIRC による統合報告の主目的は，主として株主や投資家への，短期・中期・長期の価値創造の情報開示であると理解できる。

オクトパスモデルは，3つのメルクマールを次の点で満たしている。第1に，企業価値を6つの資本により網羅すると捉えているため，「人的・情報・組織資産」の分類とは異なるものの，①インタンジブルズの網羅性は満たされている。第2に，企業価値が6つの中で財務資本と製造資本は財務指標であり，その他の資本は非財務指標である。したがって，メルクマール②は満たされている。第3に，戦略の可視化ができることを前提にオクトパスモデルを提示していることから，メルクマール③は満たされている。国際統合報告フレームワークの価値創造プロセスは3つのメルクマールをすべて満たしている。

4.8 7つのフレームワークの比較のまとめ

以上より，戦略マップ，5つの知的資本報告書およびガイドラインと国際統合報告フレームワークの価値創造プロセスを比較してみると，3つのメルクマールを満たしているのは，戦略マップと国際統合報告フレームワークの価値創造プロセスの2つだけと分かる（表2）。

では，企業は価値創造プロセスをどのような判断基準で作成すればよいのか。オクトパスモデルにするか，それとも戦略マップにするのか。それとも，オクトパスモデルと戦略マップの両方を作成するのか。後述するが，オクトパスモデルには全く問題点がないわけではないと筆者は考えている。オクトパスモデルの問題点について次節で述べることとする。

5．オクトパスモデルの問題点と解決策

本節では，オクトパスモデルに内在する2つの問題点を指摘する。その上でその問題点を解決するための改善提案を示すものとする。

5.1 オクトパスモデルの問題点

オクトパスモデルには少なくとも，2つの問

表2　7つのフレームワークの比較

7つのフレームワーク	①インタンジブルズには人的・情報・組織資産がある。	②非財務情報と財務情報が因果関係で結びついている。	③戦略と結びついている
BSC（戦略マップ） （出典：Kaplan, R. S. and D. P. Norton, 2004）	○	○	○
スカンディア・ナビゲーター （出典：Edvinsson and Malone, 1997）	×	○	×
MERITUM ガイドライン （出典：MERITUM Project, 2002）	×	×	○
PRISM プロジェクト （出典：Eustace, 2003 ほか）	×	×	×
デンマーク知的資本報告書ガイドライン （出典：Danish Ministry of Science Technology and Innovation, 2003 ほか）	×	×	×
知的資産経営の開示ガイドライン （出典：経済産業省編，2005）	×	×	×
国際統合報告フレームワークの価値創造プロセス （出典：IIRC, 2013）	○	○	○

出典：筆者作成。

題点があると考えられる。第1に，オクトパスモデルの中，「使命とビジョン」の部分が概念的なモデル図（インプット→アウトプット→成果を定量的に測定する）にとどまっており，因果関係が分かりにくい。そのため，企業各自で実際に作成することが困難であり，実行可能性の段階で不具合がある。その結果，第2節でも述べたが，統合報告を行うにあたり，必ずしもすべての内容をIIRCに準拠するのではなく，企業にとって最適なものを採用するという考え方に沿うことになる。

第2に，オクトパスモデルは，情報開示は行われているけれども，情報利用の活用の視点が欠けていることである。統合報告には開示情報の内部利用（内部経営者への情報利用）という目的も考えられる（伊藤，2017a, p.194；伊藤，2017b, p.156）。これは，外部に情報開示することが市場の論理となって，企業の内部経営管理にも影響を及ぼすという主張である。なぜならば，ステークホルダーとの対話を通じて企業の戦略策定と経営管理に情報利用することが管理会計では重要だからである。ここに管理会計として統合報告を議論する意義が存在しよう。そこで，本論文による統合報告は，情報開示の目的だけでなく，企業の戦略策定と経営管理への情報利用という目的も含めて，この2つの目的を達成することにその本質がある（図8）。しかし，現在のオクトパスモデルの形式によれば，情報開示は可能でも，情報利用の視点での活用までは行いにくいという課題が残る。

5.2　オクトパスモデルと戦略マップの統合モデルの提案

この2つの問題点を解決するための方策として，「使命とビジョン」の部分を，戦略マップで置き換えることが効果的であると考えられる。その理由として，2つ考えられる。

まず，第1の問題点，「使命とビジョン」の部分が概念図にとどまっていることについて，戦略マップでは，因果関係が分かりやすいので，財務情報と非財務情報をリンクさせながら企業価値の創造を明確に可視化できる。すでに企業が開示されているレポート情報を利用して，戦略マップを作成するので，作成知識さえ

図8　統合報告の2つの本質

- A
  - 統合報告の定義：「組織の戦略，ガバナンス，業績，将来見通しが組織の外部環境の下で，いかに短期・中期・長期の価値創造に導くかについての簡潔なコミュニケーションである」（IIRC, 2013, p.7）
  - 統合報告の目的：「組織が長期にわたって価値をいかに創造するかについて，財務資本の提供者に説明することである」（IIRC, 2013, p.8）
- B
  - 情報開示の目的に対して，統合報告には開示情報の内部利用（内部経営者への情報利用）という目的も考えられる（伊藤, 2017a, p.194；伊藤, 2017b, p.156）。
  - ステークホルダーとの対話を通じて企業の戦略策定と経営管理に情報利用することが管理会計では重要である（伊藤, 2017a, p.194）。

出典：伊藤（2017a）に基づき筆者作成。

あれば実際にマップを作成することは容易である。

　第2の問題点，情報利用の活用の視点が欠けていることについて，戦略マップを作成すれば，開示された情報を利用し，企業内部の研究資料として活用（コミュニケーション手段）したり，内部管理者が次期以降の戦略策定に役立てることが可能である。したがって，情報開示と情報利用の2つの目的を可視化できる。以上，戦略マップをオクトパスモデルに取り入れることで，2つの問題点が解消される。さらに，IIRCで提案する価値創造プロセスは実際に作成することができず，企業がオリジナルで作成しているケースが多いことはすでに述べたとおりである。さらに，IIRCの価値創造プロセスを描くのではなく，BSC（Balanced Scorecard）の戦略マップに基づいて価値創造プロセスを可視化する方が有用であるという指摘もある（伊藤, 2017a, p.198）。

　以上のことから，オクトパスモデルと戦略マップの統合モデルを作成することが，価値創造プロセスを可視化するという点で最適であるという視点に基づき，実際の企業の分析を検討することが有意義であることが明らかになっ

た。そこで，次節では，実際のケース研究を通して，戦略マップを取り入れたオクトパスモデルを検討し，改善提案としたい。

6．事例研究と提案事項

　本稿では，DKSの事例を用いて，戦略マップを入れたオクトパスモデルについて考察する。そこで，DKSの概要，DKSレポートの特徴，DKSレポートから作成した戦略マップおよび価値創造プロセスについて述べる[8]。DKSは，産業・工業用の薬剤，添加剤，助剤などを製造販売している日本の化学品メーカーである。国内，外において，多くの持株会社を有する会社である[9]。

　DKSの統合報告を事例対象に選んだ理由には3つある。第1に，2016年，従来の環境・社会活動報告書に財務や経営戦略の情報を加えた「DKSレポート」の発行を始めたが，2017年度の「DKSレポート」では，すでにIIRCの国際統合報告フレームワークを参考に制作した。DKSレポートの出来映えの水準が高いた

め，DKSを選んだ（2017年度のWICIジャパン「統合報告奨励賞」を授賞している）。第2に，DKSはオクトパスモデルの基礎となる価値創造プロセスを持っている。第3に，DKSには戦略マップを提案する余地がある。以上の理由から，DKSの統合報告に取り組む姿勢は賞賛に値するものであるが，次で述べるような改善提案の余地があると筆者は考えた。そこで，DKSに取材を申し込んだところ，快諾を得たため，訪問調査を行うことができた。

6.1 DKSレポートの特徴

DKSは2016年から，従来の環境・社会活動報告書に財務や経営戦略の情報を加えた「DKSレポート」の発行を始めた。しかし，2016年版のDKSレポートを見るとわかるのが，まだIIRCの国際統合報告フレームワークを参考にして作成されていない。ところが1年経って，DKSレポートは大きな進展を遂げた（図9）。

2017年版のDKSレポートには3つの特徴があると考えられる。第1に，DKSにはオリジナルの価値創造プロセスをもっていることである。IIRCによる国際統合報告フレームワークの基本概念には価値創造プロセスが欠かせない。DKSは自社の企業活動，強み，重視点等を考え，自社の独特な価値創造プロセスを描くことができている。

第2に，図9で示したように，DKSは期首に，IIRCの価値創造プロセスと同様に6つの資本をインプットされている。しかし，期末にはIIRCと違って，アウトカムとして「DKSのステークホルダーと価値創出」を描き，社員，株主，顧客，社会の4つの視点から自社が創出した価値を表している。

第3に，DKSレポートでは，自社のバリュー・ドライバーを大きく3つに分けている。その項目としてはユニ・トップ戦略，研究開発基盤，ガバナンスである。これらを見ると，DKSはインタンジブルズを重視し，インタンジブルズが企業価値創造に大きく影響を与

えていることが分かる。

6.2 DKSレポートから作成したDKSの戦略マップ

筆者は，「DKSレポート2017」に基づき，DKSの戦略マップを作成した。この作成方法によれば，開示された情報だけを用いても，作成者が作成技術を身につけていれば，戦略マップを作成することが可能である。その上で，IIRCの価値創造プロセス「オクトパスモデル」の真ん中の部分「ビジネスモデル」を戦略マップに置き換えた（図10）。

図10で示しているように，6つの資本が期首にてインプットされている。ビジネスモデルである戦略マップは，学習と成長の視点から，内部ビジネス・プロセスの視点と顧客の視点を経て，最終的に財務の視点へつながり，非財務情報と財務情報が結合されている。このように企業価値の創造が期末において，企業の資本の増（減）として表されている。

6.3 改善提案事項

DKSへの訪問の際，筆者は次の3点を提案した。第1に，DKSレポートにて開示された「DKSグループの目指す姿と価値創造プロセス」は，価値創造プロセスの「ビジネスモデル」が曖昧かつ概念的であるため，現状では不備がある。そこで，戦略マップを取り入れたオクトパスモデル図を提案した（図10参照）。

この提案に対して，坂本社長は「自社のやりたいことの因果関係が明確になり，分かりやすい。前向きに検討したい。ただし，作成上のマンパワーの問題があるので，しばらく時間をいただきたい。」との回答を得た。

第2に，DKSは環境に関する目標の達成度が低い（DKSレポート，2017, pp.38-41）。5つの重要課題を設定している中，重要課題4として「環境への配慮」があげられている。しかし，多数の管理項目が昨年（2016年）より悪い実績を出しているので，解決案を提示すべきであ

図 9 DKS グループの目指す姿と価値創造プロセス

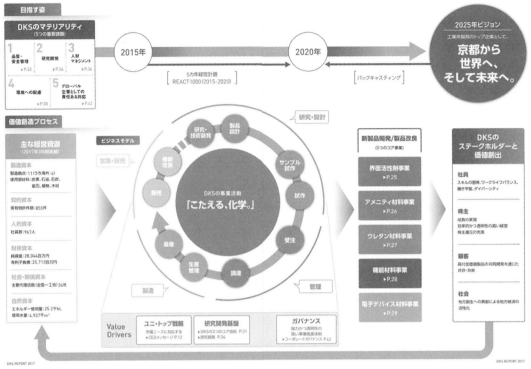

出典：DKS レポート（2017）pp.6-7.

る。

この提案に対して，坂本社長は「謙虚に受け止め，改善できるよう努力を継続したい。」との回答を得た。この論点は ESG 投資家が増加している観点から，同社の課題の1つと言える。

第3に，同社へのインタビューによると，DKS レポートは，IR 部にて作成されている。当該報告書は情報開示の観点から，ステークホルダーとの対話手段，および就職活動・転職活動を行う関係者への宣伝にもなる。しかし，それだけではなく，報告書は，情報の内部利用にも活用できる。むしろ，情報の内部利用を重視しなければならない。たとえば，戦略マップを取り入れたオクパスモデル図であれば，社内研修の教材にも活用できる。経営企画部とともに，クロスファンクショナルチーム（Cross Functional Team: CTS）を作り，DKS レポートを作成すべきである。

この提案に対して坂本社長は，「現段階では取り組めていないので，前向きに検討したい。」との回答を得た。IR 部の性質上，CTS への取り組みには困難はあろう。しかし，当該困難に挑み，取り組むだけの前向きな姿勢が，同社には感じ取れた。

以上のような点を踏まえて，DKS レポートに改善を加えることで，DKS は外部ステークホルダーに対して有用な「情報を開示」できるようになる。さらに，DKS レポートを同社自身の戦略策定のため，あるいは社内研修や社内教育のインフラ拡充のため，「情報の内部利用」にも活用することも可能となると考えられる。坂本社長は，たいへんアグレッシブな行動ができる方であり，インタビューにも前向きな姿勢で臨んでいただけた。同社が，さらなる進化を遂げることを心から願うばかりである。

図10 オクトパスモデルに戦略マップを取り入れたDKS価値創造プロセス

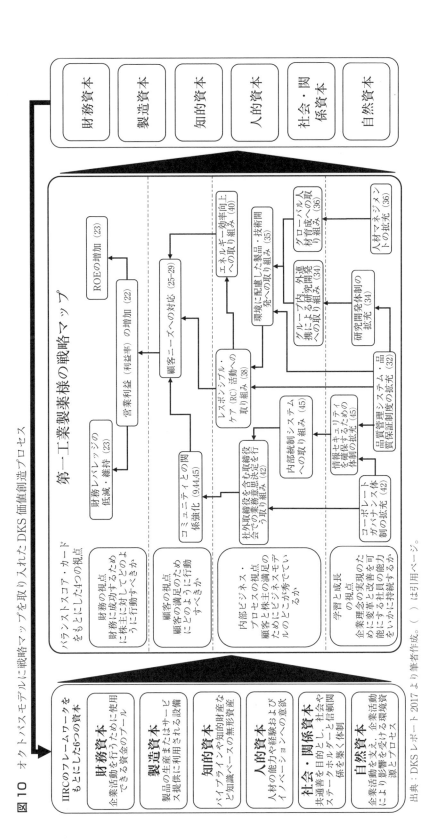

出典：DKSレポート2017より筆者作成。（ ）は引用ページ。

統合報告における価値創造プロセスに関する一考察　85

7．まとめ

本稿の目的は，IIRC が公表しているオクトパスモデルは優れた長所があるものの，より優れた価値創造プロセスの可視化の手段があるのではないかという仮説について検証することにあった。

第2節では，統合報告が登場した背景について述べた。第3節では，統合報告および統合報告が登場する前から存在している6つの価値創造プロセスのフレームワークについて内容を検討した先行研究を説明し，未解決の問題を明らかにした。第4節では，前節で紹介したそれぞれのフレームワークの特徴，長所，短所を3つのメルクマールの観点から分析・整理することで，残されていた課題について解決策を提示した。さらに第5節では，価値創造プロセスの可視化を検討した場合，現時点で最も優れたモデルは，オクトパスモデルと戦略マップを統合するモデルを構築することにある。

オクトパスモデルと戦略マップを統合するモデルによって，次の2点を明解にすることができた。第1に，従来のオクトパスモデルでは「使命とビジョン」の部分が概念図にとどまっていたのに対し，「使命とビジョン」の部分に戦略マップを取り入れることで，因果関係がより明確にできるようになった。したがって，財務情報と非財務情報をリンクさせながら企業価値の創造を明確に可視化できるようになった。なお，戦略マップは，企業が開示したレポートから入手した情報を利用して作成するので，作成知識さえ身につければ実際にマップを作成することは容易である。

第2に，従来のオクトパスモデルでは情報利用の活用の視点が欠けていた点については，戦略マップを作成すれば，ステークホルダー・エンゲージメントを通して，情報を利用することができる。情報の内部利用は，内部管理者が次期以降の戦略策定に役立てることも可能である。したがって，オクトパスモデルと戦略マップを統合することによって，情報開示と情報利用という統合報告に内在する2つの本質的目的を達成することができることを明らかにした。

第6節では，第5節で提案した理論モデルを前提として事例研究を行った。本稿では，DKS の統合報告書を分析し，訪問調査を行うことで，統合報告の本質を検討することを試みた。その結果，価値創造プロセスの中心に戦略マップを据えることで，統合報告書は，当該企業の情報開示だけでなく戦略策定のための情報の内部利用の手がかりにもなり得ることを，図表を用いて改善提案することができた。

最後に，本稿の限界を述べる。BSC の普及状況の停滞である。BSC が開発されて約25年が経過したが，多くの利点があるにもかかわらず，実務界への導入普及があまり進展していない。諸説があるが企業への導入率が10％に到達していない（広原・大槻・﨑，2014；川野，2014）。研究者の普及活動の欠如も原因と考えられる。非財務情報の開示の有用性が徐々に高まり統合報告の普及率が上昇している今日であるならば，これを追い風として BSC を見直していただける契機とすべきである。筆者は，本研究を通じてケース研究を行い，企業への BSC 導入を提案したが，これを実際に活用していただくためには，長い年月をかけてアクションリサーチを行う必要があることを感じている。決して簡単なことではないが，今後の研究課題とさせていただきたい。

注
(1) この現象は「統合報告バブル」と呼ばれることがある（日本経済新聞，2018年7月11日電子版）。
(2) BSC は戦略マップとスコアカードからなる。戦略マップは戦略を可視化する価値創造プロセスであり，スコアカードは戦略マップに記述された戦略目標の測定と管理を行う内部管理用のプロセスである。そのため，スコアカードの開示は不可能であり，本論文および西原（2018）で検討される

のは戦略マップのみである。以下，価値創造プロセスを指す場合，BSC および BSC による戦略マップを統一し，戦略マップと呼ぶ。
(3) 宝印刷の調査によれば，わが国で統合報告書を公表している企業は，2013 年により 81 社だったが，2014 年は 142 社，2015 年は 224 社，2016 年は 334 社，2017 年は 411 社となっており，ここ数年間で急増している（総合ディスクロージャー＆IR 研究所，2017；日本経済新聞 2018 年 4 月 21 日朝刊）。
(4) 本稿では，インタンジブルズの先行研究を価値創造モデルのフレームワークに限定して管理会計の見地から検討する。なお知的財産の最近の動向を，財務会計の見地から丁寧にレビューした論文として金田（2018）がある。
(5) ここでいう BSC はただ単に戦略マップだけのことではない。そのため，BSC のままにする。
(6) 本稿における 3 つのメルクマールは，あくまでも価値創造プロセスの構成要素を絞り込むために用いるものである。それゆえ，価値創造プロセスを，いかなる場合でもこの 3 つのメルクマールで絞り込むという意味ではないことをお断りしておきたい。
(7) Kaplan and Norton（2004）の原文では「Human capital」，「Information capital」，「Organization capital」としている。直訳すると「人的資本」，「情報資本」および「組織資本」である。しかし，実質的にはこれらは無形の資産であるから，これらを人的資産，情報資産および組織資産と訳しても何らの問題はないと，今日では考えられている。例えば，櫻井（2015, p.660）は，これらをすべて人的資産，情報資産および組織資産と訳出している。そこで，本稿では図 3 においては，Kaplan and Norton（2004）の原文に依拠することとし，本文中では，「人的資産」，「情報資産」および「組織資産」として記述することとした。
(8) 調査日：2017 年 12 月 25 日，調査地：DKS 京都本社，調査時間：15：00～17：00，訪問者：李会爽，田坂公，DKS 側出席者：DKS 会長兼代表取締役坂本隆司氏および IR 部長森下貴之氏，計 2 名。
(9) 2017 年 3 月期は，資本金：約 89 億円，売上高：約 523 億円，従業員数：967 名である（いずれも連結ベースによる）。

引用文献

Danish Agency for Trade and Industry, Ministry of Trade and Industry (2000) *A Guideline for Intellectual Capital Statements—A Key to Knowledge Management—*, Danish Agency for Trade and Industry, Ministry of Trade and Industry.

Danish Ministry of Science, Technology and Innovation (2003) *Intellectual Capital Statements—The New Guideline,* Danish Ministry of Science, Technology and Innovation.

DKS レポート（2016）https：//www.dks-web.co.jp/rc_pdf/rc 2016.pdf，2018 年 12 月 19 日現在。

——（2017）https：//www.dks-web.co.jp/rc_pdf/rc 2017.pdf，2018 年 12 月 19 日現在。

Edvinsson, L. and M. S. Malone (1997) Intellectual Capital, Harper Collins Publishers, Inc.（リーフ・エドビンソン，マイケル・S・マローン著，高橋透訳『インテレクチュアル・キャピタル―企業の知力を測るナレッジ・マネジメントの新財務指標―』日本能率協会マネジメントセンター，1999 年）

Eustace, C. (2003) *Report of Research Findings and Policy Recommendations*, Preliminary Draft, May, Based on the final report of the PRISM consortium.

Holtham, C. and R. Youngman（2002）*Measurement and Reporting of Intangibles—A European Policy Perspective—*, A Paper of The Intangibles Conference at McMaster University, Canada in Jan 2003.

——（2003）PRISM Project Overview 2001/2003, European Commission IST project 2000-29665.

IIRC (2013) *The International 〈IR〉 Framework*, International Integrated Reporting Council.（日本公認会計士協会訳『国際統合報告フレームワーク日本語訳』2014 年）

Kaplan, R. S. and D. P. Norton (1992) *The Balanced Scorecard—Measures That Drive Performance—*, Harvard Business Review, Jan.-Feb., pp.71-79.（本田桂子訳「新しい経営指標"バランスド・スコアカード"」『DIAMOND ハーバード・ビジネス』1992 年 4-5 月号，pp.81-90）

—— and D. P. Norton (1996) *Using the Balanced Scorecard as a Strategic Management System*, Harvard Business Review, Jan.-Feb. pp.75-85.（鈴木一功訳「バランス・スコアカードによる戦略的マネジメントの構築」『DIAMOND ハーバード・ビジネス』1997 年 2-3 月号，pp.92-105）

—— and D. P. Norton (2001) *The Strategy—Focused Organization—*, Harvard Business School Publishing.（ロバート・S・キャプラン，デビッド・P・ノートン著，櫻井通晴監訳『キャプランとノートンの戦略バランスト・スコアカード』東洋経済新報社，2001 年）

—— and D. P. Norton (2004) *Strategy Maps*, Harvard Business School Press.（ロバート・S・キャプラン，デビッド・P・ノートン著，櫻井通晴・伊藤和憲・長谷川惠一監訳『戦略マップ―バランスト・スコアカードの新・戦略実行フレームワーク』ランダムハウス講談社，2005 年）

MERITUM Project (2002) *Guideline for Managing and Reporting on Intangibles*（*Intellectual Capital Report*）, European Commission.

伊藤和憲（2017a）「統合報告と管理会計」（櫻井通晴・伊藤和憲編著）『ケース管理会計』中央経済社，第15章に所収，pp.193-202。
――（2017b）「企業報告書のパラダイムシフト」『ディスクロージャー＆IR』Vol.3, pp.146-157。
伊藤邦雄（2011）「財務報告の変革と企業価値評価」『企業会計』Vol.63, No.12, pp.48-57。
金田堅太郎（2018）「取得法が提起する無形資産会計の論点」『會計』Vol.194, No.5, pp.500-514。
川野克典（2014）「日本企業の管理会計・原価計算の現状と課題」『商学研究』No.30, pp.55-86。
経済産業省編（2004）『通商白書2004―「新たな価値創造経済」に向けて―』経済産業省。
――（2005）『知的資産経営の開示ガイドライン』経済産業省。
古賀智敏（2012）『知的資産の会計―マネジメントと測定・開示―（改訂増補版）』千倉書房。
櫻井通晴（2012）『管理会計　第五版』同文舘出版。
――（2015）『管理会計　第六版』同文舘出版。
西原利昭（2018）『統合報告におけるインタンジブルズの情報開示と情報利用』専修大学出版局。
日本経済新聞（2018年4月21日，7月11日）。
広原雄二・大槻晴海・﨑章浩（2014）「管理会計技法の理論と実践」『産業経理』Vol.74, No.2, pp.190-205。
李会爽（2018）「BSCによるインタンジブルズ研究の現状とその方向性―戦略マップを用いた事例研究―」『日本近代學研究』韓国日本近代学會 Vol.60, pp.321-343。

【投稿規定】 2013 年 11 月 30 日制定

第 1 条（目的および名称）
日本知的資産経営学会は、会員の研究成果の公表機会を確保するとともに研究成果を社会に発信していくため、学会誌『日本知的資産経営学会誌』（The Japan Intellectual Capital Management Journal）を原則年 1 回刊行する。

第 2 条（掲載論文等の種別）
（1） 掲載論文等の種別については、以下のとおりとする。
　①依頼論文
　　本学会誌の刊行にあたり編集委員会がとくに執筆を依頼した論文。
　②研究論文
　　知的資産経営に関する学術研究論文で、編集委員会による査読を経て受理されたもの（査読論文）もしくは編集委員会が公表に値すると判断したもの。
　③実践論文
　　知的資産経営の実践に貢献するような課題提起およびその解決提案があり、学術研究論文ではなくとも本学会の会員等にとって価値および意義があると認められる論文で、編集委員会による査読を経て受理されたもの。
　④資料
　　知的資産経営に関する研究、調査、および実践等に関して、本学会の会員に参考となる情報を記載した資料のうち、編集委員会が公表に値すると判断したもの。
（2） 原稿は投稿者本人が明記した種別に応じて掲載する。
　　ただし、編集委員会が投稿者の了解を得ることを条件に種別を変更することがある。

第 3 条（投稿資格）
投稿者は原則として日本知的資産経営学会の会員でなければならない。共同執筆の場合は、少なくとも一人が会員でなければならない。

第 4 条（言語）
言語は日本語または英語とする。

第 5 条（投稿等）
（1） 掲載論文等は知的資産経営に関するものに限る。
（2） 掲載論文等の他の雑誌等への重複投稿は認めない。投稿をもって重複投稿なきことの申請とし、編集委員会による重複投稿の確認はおこなわない。また、重複投稿によって生じたあらゆる責任はすべて執筆者が負うこととする。
（3） 本学会誌の掲載審査中の論文等を他の雑誌等に投稿する場合、事前に編集委員長に対して掲載取り下げの申請をおこなわなければならない。
（4） 掲載論文等の執筆において引用もしくは使用した著書、論文、図表、データ等の著作権に関する諸問題は、執筆者の責任において処理することとする。
（5） 掲載論文等の執筆は「『日本知的資産経営学会誌』執筆要領」にしたがうものとする。

第 6 条（査読）
（1） 査読論文の掲載可否の決定は、編集委員長が委嘱する査読者（レフリー）の審査結果に基づいて編

集委員会がおこなう。
(2) 査読審査は「『日本知的資産経営学会誌』査読制度運用基準」にしたがう。
(3) 編集委員が論文等を投稿する場合、執筆者は査読審査に一切かかわることができない。

第7条（掲載論文等の著作権）
(1) 掲載された論文等の著作権は、日本知的資産経営学会に帰属するものとする。
(2) 本学会誌に掲載された論文等の書評を執筆者が他の出版物に転用する場合には、あらかじめ文書によって編集委員会の了承を得なければならない。

第8条（本規定の改訂）
本投稿規定の改訂にあたっては理事会の承認を得なければならない。

（附則）
本投稿規定は 2013 年 11 月 30 日より施行する。

以上

【執筆要領】2013 年 11 月 30 日制定

1．原稿の種類と状態
（ア）原稿の種類は知的資産経営分野における研究に関する日本語または英語の依頼論文、研究論文、実践論文、資料である。
①依頼論文とは本学会誌の刊行にあたり編集委員会がとくに執筆を依頼した論文のことである。
②研究論文とは知的資産経営に関する学術研究論文で、編集委員会による査読を経て受理されたもの（査読論文）もしくは編集委員会が公表に値すると判断したもののことである。
③実践論文とは知的資産経営の実践に貢献するような課題提起およびその解決提案があり、学術研究論文ではなくとも本学会の会員等にとって価値および意義があると認められる論文で、編集委員会による査読を経て受理されたもののことである。
④資料とは知的資産経営に関する研究、調査、および実践等に関して、本学会の会員に参考となる情報を記載した資料のうち、編集委員会が公表に値すると判断したもののことである。
（イ）未公刊であること。および著作権を日本知的資産経営学会が保有できる状態のものであること。

2．原稿の様式と構成
（ア）様式
① MSWord による横書きで作成すること。
②文字数はいずれの種類の原稿においても日本語のものは 20,000 字以内、英語のものは 6,700 ワード以内とする。
なおこの文字数は 2．（イ）④における本文および同⑤における図表についてのものである。
図表の文字数換算については 7．表記（図表）（イ）を参照のこと。
（イ）構成
①原稿は表紙、論題・要旨およびキーワード、本文、図表で構成される。
②表紙には執筆者名、所属、連絡先（住所、電話、e-mail アドレス）を記すこと。
③論題・要旨およびキーワードには論題、要旨（日本語論文・資料は 750 字以内、英語論文・資料は 250 ワード以内）、および 5 つ以内のキーワードを記すこと。
④本文とは研究論文・実践論文・資料における本文・注・引用文献のことであり、この順番で記すこ

と。注は必要な場合のみとする。

⑤図表は本文に含まない。本文中で図表を挿入したい個所には下記の例に従いその旨を記すこと。図表の詳細については7．表記（図表）を参照のこと。

例：■ここに図．1を挿入■

例：■insert fig.1 here■

3．表記（全体）

（ア）日本語原稿における表記は現代仮名遣い、当用漢字、新字体を用いること。難読漢字・旧仮名遣いは研究資料の引用以外では使わないこと。接続詞についてはひらがなを、数字についてはアラビア数字を使用すること。

（イ）外国人名については原語により表記すること。

（ウ）本文の句読点は、句点（。）と読点（，）とする。

4．表記（本文末尾に付される引用文献を除く本文、要旨、注において引用された文献）

（ア）基本表記

和書：（著者名［西暦年］, ○-○頁）

和論文：和書に準ずる。但し頁は表記しなくてもよい。

洋書：（著者名［西暦年］, pp.○-○）

洋論文：洋書に準ずる。但しページは表記しなくてもよい。

例：

（イ）著者が複数の場合

①初出の場合：全員の名前を表記すること。

②2回目以降の場合：著者が3名以内の場合は初出時と同様、全員を表記する。4名以上の場合は和書・和論文では（第一著者　など［西暦年］）とし、洋書・洋論文においては（第一著者のfamily name et al.［西暦年］）と表記すること。

（ウ）同一姓の著者がおり区別できない場合

①姓・family nameの後に例に従って名およびfirst name, (middle name) それぞれの頭文字を大文字にて以下の例に従い表記すること。

例：(Johanson, H.［2001］)、(Teece, D. J.［2000］)、古賀智敏（2005）

（エ）同一年に同一著者の文献が複数あり、区別できない場合

西暦年の後に公刊時期の早い順にa、bを付す。

5．表記（注）

（ア）注は特に必要な場合に限り用いる。論文・資料における本文の後に（ ）つきの数字（(1)、(2) など）で通し番号をつけ、一括して記載すること。

（イ）注を必要とする論文・資料における本文内の該当箇所に、該当する注の通し番号をルビ上ツキで示すこと。

6．表記（引用文献）

（ア）研究に引用した文献などのリストを本文の最後に掲載する。

（イ）引用した文献は和文献、洋文献を区別せず、著者名のアルファベット順に次の様式で記載すること。

①和書：著者姓名［出版年］『書名』出版社名。

例：櫻井通晴［2011］『コーポレート・レピュテーションの測定と管理』同文館。

②和論文：著者姓名［出版年］「論文名」『雑誌名』第○巻第○号, ○-○頁。

例：與三野禎倫［2006］「無形資産情報の開示と評価」『会計』第169巻第5号, 19-30頁。

③和論文（本の1章に該当している場合）：著者姓名［出版年］「論文名」編著者姓名編［出版年］『書名』出版社名，○-○頁。

　　例：古賀智敏［2007］「知的資本情報と金融機関の融資決定有用性」古賀智敏・榊原茂樹・與三野禎倫編『知的資産ファイナンスの探求』中央経済社，197-216頁。

④洋書：family name, middle name, first name［出版年］, 書名, 出版社名, 出版地. なお middle name, first name は R.T. のように省略して記載すること。

　　例：Teece, D. J.［2000］, *Managing Intellectual Capital,* Oxford University Press, New York.

⑤洋論文：family name, middle name, first name［出版年］, "論文名", 雑誌名, Vol.○, No.○, pp.○-○. なお middle name, first name は R.T. のように省略して記載すること。

　　例：Hall, R. and Andriani, P.［1998］"Analysing Intangible Resources and Managing Knowledge in a Supply Chain Context", *European Management Journal,* Vol.19, No.6, pp.685-697.

⑥洋論文（本の1章に該当している場合）：family name, (middle name), first name［出版年］,
"論文名", in family name, (middle name), first name (ed.), 書名, 出版社名, 出版地. なお middle name, first name は R.T. のように省略して記載すること。

　　例：Lev, B., Canibano, L. and Marr, B,［2005］, "An Accounting Perspective on Intellectual Capital", Marr, B.（ed.), Perspectives on Intellectual Capital, Elsevier Butterworth-Heinemann, Oxford.

⑦訳書については、原著書を利用しない場合には和書に準じた取扱にする。原著書を利用する場合は、原著書を洋書として記載した後に、括弧書きで訳書を記載すること。

　　例：Edvinsson, L. and Malone, M. S.［1997］, *Intellectual Capital ; The Proven Way to Establish your Company's Value by Measuring its Hidden Brainpower,* Piathkus, London.（高橋透訳［1999］『インテレクチュアル・キャピタル－企業の知力を測るナレッジ・マネジメントの新財務指標』日本能率協会マネジメントセンター）

7．表記（図表）

（ア）図表は図と表に分け、それぞれに通し番号（図1、図2、表1、表2、Figure 1., table 1.・・・）および簡単な見出しをつけること。

（イ）図および表は1つを1ページに作成すること。文字換算は1/6ページ分の大きさで335字、1/3ページ分で670字、1/2ページ分で1000字、1ページ分で2000字とする。

8．投稿

（ア）原稿一式（表紙、論題・要旨およびキーワード、本文、図表）をプリントアウトしたものを郵送にて、また電子データをeメールにて日本知的資産経営学会誌編集宛に送付すること。プリントアウトしたものおよび電子データの両方の提出が確認されて初めて投稿されたものとする。

　　①郵送先
　　　〒658-0072　兵庫県神戸市東灘区岡本8-9-1
　　　甲南大学経営学部池田研究室内　日本知的資産経営学会誌編集宛

　　②eメールアドレス
　　　ikeda@iris.eonet.ne.jp

（イ）謝辞の掲載を希望する者は、採択が決定後に日本知的資産経営学会誌編集にその原稿を郵便およびeメールにて送付すること。投稿時に謝辞は含めないこと。

（ウ）投稿された原稿は原則として返却しない。

編集後記

「巻頭言」で古賀智敏会長が指摘されているように，本学会の第一の特徴は「多様性・学際性・包括性」にある。そして，第二の特徴は，「国際性」にある。巻頭言でも述べられているように，本学会が2018年，香港理工大学において立ち上げられたグローバル・イノベーション優秀賞 Global *Most Innovative Knowledge Enterprises* Award（Global *MIKE* Award）の日本側の協力・支援団体に選ばれ，日本企業からグローバル・イノベーション企業の選考委員として選考に関与するようになった。

2019年度は，安井肇氏がシニアアドバイザーを務めておられるSanSan株式会社がGlobal *MIKE* Awardを受賞され，2019年4月25日（木）に香港にて授賞式が開催され，この度は，本学会から古賀会長と，池田公司，姚俊，付馨の4名が授賞式に参加した。SanSan株式会社の具体的な取り組みの内

容は，この「第5号」に掲載されている安井肇氏の論文を参照されたい。

授賞式の翌日の4月26日（金）は，下記の写真にあるように，香港理工大学の研究室で，Global MIKE Awardの今後のあり方について，コアメンバーで協議をした。インドやヨルダンからも参加しており，Knowledge and Innovationのグローバル化や国際化は，加速的に進んでいる印象を受けた。

「物作り大国」の日本も，モノのイノベーションのみでなく，モノの付加価値を高めるサービスのイノベーションが必要であると感じた。2枚の写真は，何れも筆者が撮影したものである。

日本知的資産経営学会
機関誌編集委員長　池田　公司

W. B. Lee 香港理工大学名誉教授　　古賀智敏会長
（Global MIKE Award コーディネーター）

日本知的資産経営学会誌　第5号

2019年10月1日発行
編集：日本知的資産経営学会
　　　（事務局）
　　　〒150-0001　東京都渋谷区神宮前5-52-2　青山オーバルビル15階
　　　一般財団法人知的資産活用センター内
　　　電話：03-5766-6345／e-mail：info@jiam.or.jp
発行：株式会社千倉書房
　　　〒104-0031　東京都中央区京橋2-4-12
　　　電話：03-3273-3931／FAX：03-3273-7668
印刷・製本：藤原印刷株式会社

Ⓒ日本知的資産経営学会 2019　Printed in Japan　ISBN 978-4-8051-1188-8 C3034

行政書士は「知的資産経営」の普及に努めます！

　行政書士は、中小企業・小規模事業者の皆さまに寄り添い、会社設立から事業承継に至るまでの様々な場面でビジネスでの課題解決をお手伝いいたします。
　日本行政書士連合会では、伴走型支援の取組みの一つとして、知的資産経営に着目し、その普及を推進しております。

〇主な行政書士業務
＜ビジネスに役立つ相談＞
許認可申請、外国人雇用関係、中小企業支援、法人関連手続き、知的財産権の保護等
＜暮らしに役立つ相談＞
遺言・相続、契約書、日本国籍取得、自動車登録、土地活用、内容証明等
　　　さまざまなご相談に対応いたします。

★業務のご依頼・ご相談はお近くの行政書士会までお問い合わせください★

日本行政書士会連合会
〒105-0001　東京都港区虎ノ門 4-1-28
虎ノ門タワーズオフィス 10F

TEL: 03-6435-7330　　FAX: 03-6345-7331
HP: https://www.gyosei.or.jp

『知的資産経営』のコラボレーターとして

　私たち行政書士は許認可業務をはじめ、幅広い分野において中小企業経営者の皆様をサポートしております。
　東京都行政書士会は、金融機関との連携を押し進め、創業希望者や企業がすでに持つ「強み＝知的資産」をしっかりと把握し、有効活用する「知的資産経営」を、事業の継続、事業承継、業績の向上、資金調達など今まで以上にトライアングル（企業・行政書士・金融機関）の形成を図っております。
　特に、本邦で会社経営を行う外国人の在留許可や建設業など許認可の可否を大きく左右する財務諸表と「知的資産」の核となる"人"を知り尽くした行政書士とコラボレーションすることは、新たな繋がり広がりを築く第一歩となります。

★業務のご依頼・ご相談は東京都行政書士会までお問い合わせください★

東京都行政書士会
〒153-0042　東京都目黒区青葉台 3-1-6

TEL: 03-3477-2881
FAX: 03-3463-0669
HP: https://www.tokyo-gyosei.or.jp/